DEUTSCHLAND UM 1900

DEUTSCHLAND UM 1900

Der große Bildband

Text von Helga Königsdorf und Bruno Weber
Herausgegeben von Max Mittler

Gondrom

Die Photochrom-Bilder über das Deutschland der Jahrhundertwende konnten nicht kommentarlos publiziert werden. So waren gelegentlich umständliche Nachforschungen nötig, um der zeitgenössischen Situation auf die Spur zu kommen. Vor allem galt es, da anzusetzen, wo die Szene heute völlig verändert ist. Die Zerstörungen des Zweiten Weltkriegs haben viele vertraute Bilder ausgelöscht. Entsprechende Hinweise in den Bildlegenden drängten sich auf.

Bei der Beschaffung der dokumentarischen Unterlagen haben mir die folgenden Institutionen wertvolle Hilfe geleistet: Congress- und Tourismus-Zentrale Nürnberg, Verkehrsverein Nürnberg e. V., Landeshauptstadt Stuttgart: Stadtplanungsamt, Verkehrsverein Karlsruhe e. V., Amt für Baurecht und Umweltschutz, Stadt Mannheim, Presse- und Fremdenverkehrsamt Stadtverwaltung Koblenz, Botschaft der Bundesrepublik Deutschland in Bern. Reichhaltige Informationen zum Thema Schiffahrt stellte mir Prof. Dr. Detlev Ellmers vom Deutschen Schiffahrtsmuseum Bremerhaven zur Verfügung.

Mein besonderer Dank geht an Elmar Faber, Leiter des Aufbau Verlags in Berlin. Er stellte die Verbindung zu Helga Königsdorf her und besorgte in umfangreichen Recherchen Angaben zum Bildmaterial, soweit es die DDR betraf. Wertvolle Informationen brachte Renate Schulze, Geschäftsführerin des Orell Füssli Verlags in Wiesbaden.

Dr. Bruno Weber, Leiter der Graphischen Sammlung in der Zentralbibliothek Zürich, und Marcel Hürsch, Direktor des Photoglob Verlags in Zürich, überließen dem Verlag in großzügiger Weise die wertvollen Photochrom-Drucke zur Reproduktion.

Allen hier genannten Personen und Institutionen gilt mein verbindlicher Dank.

Der Herausgeber

Sonderausgabe für Gondrom Verlag GmbH, Bindlach 2001

ISBN 3-8112-1292-3

Der Umwelt zuliebe gedruckt auf chlorfrei gebleichtem Papier.

Inhalt

Ein Gegenfeuer aus Gelächter

HELGA KÖNIGSDORF

Noch bevor ich die Bilder sah, habe ich zugesagt, dazu etwas zu schreiben. Wie es auch immer ausgehen mochte, ich wollte mich dem Deutschsein nähern. Meine nationale Identität war nur durch Anstrengung zu gewinnen. Doch nun, wo ich allmählich unter Druck gerate, etwas liefern zu müssen, höflich gemahnt, auf die freundliche unaufdringliche Schweizer Art, die mehr auf das Gewissen schlägt als irgendeine Forschheit, kommen mir auch Zweifel, ob ich den Anlaß nicht mißbrauche. Der innere Widerstand in mir ist stärker, als ich dachte. Ich werde den Bildern nicht gerecht. Denn irgendwie sind sie doch auch schön. Die Burgen, die mittelalterlichen Stadtbilder, die Landschaftsidyllen, die Dampfschiffe, die Denkmäler. Eine heile Welt. Bieder. Sittlich. Man möchte sich so gern anheimgeben. Gott. Kaiser. Vaterland. Der Rhein. Die Bilder von Dresden, Berlin, Halle und Erfurt. Historische Botschaften bereits. Vieles heute zerstört oder sozialismusverkommen. Weimar wird nun endlich wieder wohlbestallt werden. Goethe wird, wie immer, möglich sein. Wer Goethe hat, dem kann, was er auch immer anrichten wird, nichts wirklich Schlimmes passieren. Das Volk, das Goethe hat, ist automatisch ein Volk der Dichter und Denker. Darüber läßt sich Buchenwald vergessen.

Wir möchten uns so gern einvernehmen lassen. Haben die Anstrengung satt, immer zwischen den Zeilen lesen zu müssen, nichts glauben zu können. Wir haben einen gewaltigen Bedarf an Ordnung und Harmonie. Wir wollen wieder stolz in die Welt sehen. Da kommen solche Bilder zur rechten Zeit. Sogar den preußischen Stechschritt nehmen wir hin. Haben ihn hingenommen all die Jahre. Manchmal erklang die Marschmusik so stramm, daß ich während meiner Vorlesungen an der Humboldt-Universität die Fenster schließen lassen mußte. Aber wer in der Welt könnte ihn besser, diesen Stechschritt.

Natürlich muß man zur herrschenden Klasse gehören. Ihr wenigstens irgendwie nahestehen. Nicht in den Mietskasernen in Berlin-Ost wohnen. Die kommen unter den Fotografien nicht vor. Nicht zur Randexistenz der Leistungsgesellschaft werden. Zum Versager. Heimlich haben wir Angst. Heimlich glauben wir aber auch an unsere Tüchtigkeit. Sind zur Zeit sogar bereit, das Märchen vom Tellerwäscher zu glauben.

Aber diese Bilder machen mich beklommen. Es fehlt in ihnen jede Luftbewegung. Überhaupt fehlt jede Bewegung. Alles wirkt erstarrt. Durch die gnadenlose Genauigkeit der Fotografie in den Moment gebannt. Die Qualität deutscher Wertarbeit. Eine Verspieltheit, die keinen Spielraum zuläßt. Eine gewaltsame Harmlosigkeit.

1900. Jahrhundertwende. Das zwanzigste Jahrhundert beginnt. 14 Jahre vor dem Ersten Weltkrieg. Rund 40 Jahre vor dem Zweiten. Soviel Katastrophe. Soviel Verbrechen. Die Bilder zeigen nichts. Keine Vorahnung. Oder doch?

1990. Zehn Jahre vor dem Aufbruch in das neue Jahrtausend. Hinter uns liegt 1989, dieses Jahr der Revolution. Dieses Jahr, in dem die Jahrhundertutopie vom Sozialismus, die sich mit dem mythischen Beiwort des Jahrhunderts: »wissenschaftlich« schmückte, zusammenbrach. Das Jahr, in dem wir für den geordneten gewaltfreien Rückzug aus einem falschen Gesellschaftskonzept fochten. Der Dank des Vaterlands wird auf sich warten lassen. Aber wir haben das Leben so stark gefühlt wie nie.

Selbst die Franzosen mußten für einen Moment eingestehen, daß die sanfte gewaltfreie Revolution ihre Revolution in den Schatten stellte. Vielleicht wäre das endlich eine Chance für die Deutschen gewesen, ein gutes Selbstbewußtsein zu gewinnen. Aber die Revolution ist verdorben. Wird in unerträglicher Weise weiter verdorben.

1990. Ich sitze in Zürich im Hotelzimmer. In der Schweiz ist alles wohlgeordnet. Vielleicht ein bißchen zu wohlgeordnet. Aber ich muß ja nicht dableiben. Auf jeden Fall schlafe ich zum erstenmal wieder gut. Im Verkaufsprospekt dieses Buches werde ich als DDR-Autorin angekündigt. Zu Hause liegt dieses Land DDR in den letzten Zuckungen. Wenn das Buch erscheint, was werde ich dann sein. Eine deutsche Autorin. Ich war ja nie nichtdeutsch. Aber mein Deutschsein bezog sich auf dieses etwas lächerliche Gebilde DDR. Von dem man immer gesagt hatte, es sei grau und langweilig. Kein Grund zum Hochmut. Manchmal bestand ich darauf, daß dieses Land im Programm von Tagungen richtig benannt wurde. Nie hatte ich den Eindruck, daß dieses Land wirklich ernst genommen wurde. Und das war aus irgendeinem Grunde gut.

Was aber, wenn nun die Seele des Volkes in Wallung gerät. Wenn sich dieses Volk, das sich während seiner Geschichte immer wie ein manisch depressiver Organismus verhalten hat, auf seine Tüchtigkeit besinnt und diese wieder anderen unter die Nase reiben muß. Und ich vielleicht gar zum Spaßverderber verkomme, weil ich ein paar Scharten nicht vergessen kann, die Bescheidenheit verlangten. Ach, schon spüre ich, wie ich mich ängstige und gewisse Worte vermeide.

1900. Das Deutsche Reich bestand dreißig Jahre. Franzosenhaß und Franzosenbewunderung. Liberale demokratische Ideen und Überheblichkeit. Erste Töne des Nationalsozialismus. Aber auch das kommunistische Manifest und die sozialistische Bewegung. Alles schon vor der Reichsgründung. Nach längerer wirtschaftlicher Flaute, die Zeit der industriellen Revolution lag zurück, war nun, um die Jahrhundertwende, Hochkonjunktur. Drei große Innovationen, die Elektrizität, die Motoren und der Funk. Und es wurden Strukturen geschaffen, diese Innovationen durchzusetzen. Es waren die Gründerjahre in den angewandten Wissenschaften. Die Industrie reagierte schnell.

Die Bilder zeigen nichts von diesem Aufbruch. Eher eine behagliche Biederkeit. Nein, behaglich eigentlich nicht. Wenn ich das Sagen hätte, würde ich etwas hineinmogeln in die Bilder. Etwas Liederliches, etwas Unpassendes, Pfützen, Schausteller oder gar eine rote Fahne. Die Bilder erschrecken auch durch das, was sie verschweigen.

1990. Der Sozialismus ist in allen Ländern durch seine Unfähigkeit zur Innovation zusammengebrochen. Die Mikroelektronik und die Rechentechnik. Nichts liefe mehr, brächen plötzlich alle Computer zusammen. Die Gentechnologie steht noch ins Haus. Die sozialistischen Länder kamen immer auf dem Weltmarkt zu spät. Die DDR wurde zum Billiglohnland. Ein Triumph der Marktwirtschaft. Bei den Brüdern und Schwestern herrscht Hochkonjunktur. Aber diese Unterscheidung verbietet sich nun bald. Irgendwann kommt das Wirtschaftswunder auch zu uns. Und dann werden wir die Demütigung vergessen. Wirklich? Werden wir vielleicht furchtbare Touristen sein?

1900. Vierzehn Jahre nach der Jahrhundertwende ein Tourismus besonderer Art: »Wir werden diesen Kampf bestehen, auch gegen eine Welt von Feinden, und das, nachdem manch einer schon Zweifel gehegt hatte, ob die alte deutsche Tüchtigkeit durch Reichtum, Wohlleben, Friedensduselei und Geschäftsgeist nichts ernsthaft zu Schaden gekommen sei.« Durch die Straßen dröhnte der Marschtritt der Bataillone. Und gesungen haben sie sicher auch.

Oh, wie wir Deutschen singen. Mit einwärts gerichtetem, verschleiertem Blick. Wie habe ich gesungen. Das Lied von der Lorelei. Darüber stand »Verfasser unbekannt«. Später, meine Kinder, sangen es nicht mehr. Es hätte die Abgrenzung unterwandert. Ich sehe schon kommen, meine Enkel singen es wieder. Mit einwärts gerichtetem, verschleiertem Blick. Nichts hätte meiner Phantasie standhalten können. Aber als ich vom Zug aus zum ersten Mal die Inschrift mit roter Farbe an der Kaimauer las: »Lorelei«, da mußte ich lachen.

Jetzt komme ich darauf. In diesen Bildern ist kein noch so winziges Lächeln. Alles nimmt sich todernst. Eichendorff, Gustav Freytag, Hermann Löns, Stifter. Das deutsche Gemüt. Wenn den Deutschen das Lachen ausgeht, werden sie immer furchtbar. Ihr Gemüt und ihre Gründlichkeit gehen furchtbare Bündnisse ein.

1990 ist ein Jahr ohne Lachen. Selbst den Berlinern ist der Witz vergangen. Sollte ich nicht die Fackel in die Hand nehmen und ein Gegenfeuer aus Gelächter anzünden? Lachen gegen die Erniedrigung, gegen die neue Intoleranz. Hatte ich nicht als Satirikerin begonnen. Wie leicht war es gewesen, über eine Macht zu lachen, die schwach war. Gefährlich auch. Es war die Gefährlichkeit eines angeschossenen Tieres. Aber man hatte die Leute auf seiner Seite. Die waren wach und ungläubig gewesen. Glaubten nichts. Lasen zwischen den Zeilen, manchmal mehr, als zwischen den Zeilen stand. Vielleicht hatte es sie überanstrengt, daß sie sich nun ins Glaubenwollen fallenließen. »Das Volk wird siegen, das die größte körperliche, geistige, moralische, materielle und staatliche Kraft in die Waagschale zu werfen hat.« Sätze aus irgendeinem alten Geschichtsbuch.

Um welchen Sieg ging es. In welche Waagschale werfen wir heute. Und war nicht in den Straßen von Leipzig einen Moment lang alles auf der Waage gewesen. Aber auf den Straßen und Plätzen geht es nicht darum, recht zu haben, sondern recht zu behalten.

Bildsammlungen, häufig auch kolorierte Fotografien, aus der jüngsten Vergangenheit zeigen für Aufmärsche geeignete Straßen und Plätze. Monumentale Denkmäler. Und die Stupidität der Neubauviertel. Wenn jetzt manchmal über den Unterschied zwischen dem Nationalsozialismus und den letzten vierzig Jahren in der DDR gesprochen wird, sollte man sich die Unterschiede zwischen solchen bildlichen Selbstdarstellungen ansehen. Und die Unterschiede in den nicht verwirklichten Bauplänen. Es sind große Unterschiede. Aber gut, daß sie nicht Realität wurden, ist es in jedem Fall.

Der biedere fromme Untertan auf den Bildern wurde zum Welteroberer, zum Besiegten, zum Herrenmenschen, zum Entmündigten, zum Ungläubigen, zum Revolutionär, zum Konsumenten. Es wird noch alles daraus werden. Welche Bilder werden wir im 21. Jahrhundert machen!

Ich sitze in meinem Hotelzimmer in Zürich, und das Herz ist mir schwer. Die Entwicklung zu Hause geht so rasant voran, daß ich in ein fremdes Land zurückkehren werde. Die drei Wochen in diesem Land, wo ich um Verständnis geworben und Verständnis gefunden habe, lassen mich nun plötzlich heimatlos dastehen, weil es das vertraute Zuhause, mit all seinen guten und schlimmen Seiten nicht mehr gibt.

Ich denke wieder an die Bilder. Hildesheim, Hannover, Hamburg, Lübeck, Kiel. Orte, die vor kurzem noch die fernsten Orte der Welt waren. Heimat ist der Ort, wo man sich einmischen darf. Plötzlich freue ich mich. Ich fahre nicht in die DDR zurück. Aber ich werde das, was ich da gelernt habe, mit mir nehmen. Ich fahre zurück nach Deutschland. Und ich werde mich einmischen. Damit die Bilder, die wir im 21. Jahrhundert machen werden, für die Welt erträglich sind.

Deutschland um die Jahrhundertwende

Photochrom-Bildteil

Das Deutsche Reich Wilhelms II. als farbenprächtiges Schauspiel: Man möchte sich einer kaum zeitgemäßen Nostalgie hingeben angesichts der Zeugnisse von Tüchtigkeit, Rechtschaffenheit und betulichem Bürgersinn, die bei einem Gang durch deutsche Lande aus den Photochrom-Serien herausleuchten. Der in diesem Buch gezeigte Bilderbogen mit zeitgenössischen Aufnahmen präsentiert Landschaften, nationale Denkmäler, mittelalterliche Städte, Burgenromantik und stolze Ozeandampfer. Romantik, Fortschritt und Belle Epoque deutscher Prägung. Der Rhein wird für die Nation in Anspruch genommen, Pathos ist erlaubt, das Ländlich-Sittliche steht neben dem Monumentalen. Seltsame Bündnisse und unheilige Allianzen werden sichtbar: Religion, Vaterland und Kunst. Es drängt sich der Verdacht auf, daß mit diesem Prachtgemälde nur jener Teil des realen wilhelminischen Imperiums dargestellt wurde, den die Zeitgenossen sehen wollten. Arbeitersiedlungen und schmutzige Fabrikhallen paßten nicht ins Bild. Doch produziert auch diese beschränkte Optik eine historische Realität: Kaiser, Gott und Vaterland – ordentlich für Bildungsbürger und Touristen präpariert.

Wir haben uns weit von den Bildern der Jahrhundertwende entfernt. Bedenkt man heute, was in der Zwischenzeit geschah, so muß die Freude an der hier in Szene gesetzten heilen Welt gedämpft bleiben. Auch das eine Geschichtslektion.

Der Herausgeber

München: Altes Rathaus

◁ Das alte Münchner Rathaus am Marienplatz im Jahre 1899. Das aus dem 14. Jahrhundert stammende Gebäude war 1865 restauriert und neugotisch aufgeputzt worden nach dem damals geläufigen Motto: »mittelalterlich-gotisch-patriotisch«. Im Zweiten Weltkrieg fiel der Turm in Trümmer und der Saalbau wurde schwer beschädigt. Auch die gegen den Marienplatz hin anschließenden Gebäude sind verschwunden und heute durch Neubauten ersetzt. Das eigentliche Rathaus präsentiert sich wieder – abgesehen vom fehlenden Maßwerk in den großen Fenstern – im alten Zustand. Der später rekonstruierte Turm hingegen wirkt plumper als auf den alten Aufnahmen. Die Turmspitze ist gedrungener, es fehlen die Arkaden zwischen den Erkern und das stereochromische Gemälde, das weithin sichtbar die Uhr einrahmte. Die Turmfront gegen den Marienplatz hin ist von neu angeordneten Fenstern durchbrochen.

München 1899: Der Photograph hielt sich am rechten Ufer der Isar auf. Seine Aufnahme bietet ein Panorama der Stadt über die Maximiliansbrücke hinweg.

München: Blick auf das Zentrum

MÜNCHEN: KARLSPLATZ

Oben: Der Münchner Karlsplatz, heute meist Stachus genannt, im Jahre 1891, aufgenommen vom Karlstor gegen Westen. Die Straßenbahn gehörte bereits zum Stadtbild, von Automobilen hingegen noch keine Spur.

Rechts oben: Schloß Neuschwanstein bei Füssen mit dem Alpsee im Hintergrund. Die kostspielige Manie König Ludwigs II. von Bayern, seine romantischen Visionen in Schloßbauten zu verewigen, stand hinter dem Bauplan, der 1869 realisiert wurde. Es sollten die Bauformen der Wartburg nachgeahmt werden. Im Jahre 1907, als diese Aufnahme entstand, war der Neuschwanstein bereits ein beliebtes Ziel für Touristen, die sich von der Erinnerung an den unglücklichen König angezogen fühlten.

Rechts unten: Ein Dampfboot vor der Herreninsel im Chiemsee. Auf der Insel hatte Ludwig II. das Schloß Herrenchiemsee gebaut. Es war ein nie vollendeter Versuch, das Schloß von Versailles nachzuahmen. Die Aufnahme stammt aus dem Jahre 1903.

Herreninsel im Chiemsee

Partnachklamm bei Garmisch

Berchtesgaden: Ausfahrt vom Salzbergwerk

Links: Die Partnachklamm bei Garmisch im Jahre 1900: »Führer unnötig. Stellwagen zur Partnachklamm dreimal täglich«, schrieb Baedeker 1903. Gebirgsschluchten, für Touristen und moderate Berggänger hergerichtet, hatten für Zeitgenossen allemal etwas Prickelndes. In der Partnachklamm wie an zahlreichen andern Orten näherte man sich der Bergwelt auf gepflegten Pfaden und erlebte gefahrlos die Konfrontation mit der wilden Natur.

Oben: Wer sich in der Sommerfrische von Berchtesgaden aufhielt, besuchte meist auch das nahegelegene Salzbergwerk. Ein Reiseführer berichtet: »Das Befahren des Salzbergs erfordert ca. 1 Stunde: allgemeine Einfahrt 10$\frac{1}{2}$ Uhr vormittags und 4$\frac{1}{2}$ Uhr nachmittags, die Person 2 Mark... Karten im Zechenhaus dem Stollenmundloch gegenüber, wo man bergmännische Kleidung (nicht sauber!) anlegt. Vor Erkältung hüten!« Aufgenommen wurde die oben wiedergegebene Szene um 1900.

BERCHTESGADEN: MARKTPLATZ

Oben: Der Marktplatz von Berchtesgaden um 1900. Berchtesgaden war eine Ortschaft von bescheidenen Dimensionen, doch für den Empfang von Gästen trefflich ausgestattet. Es gab immerhin ein Grand Hotel, ein Kurhotel Wittelsbach, ein Hotel Bellevue und ein Hotel Vier Jahreszeiten, dazu ein Schwimmbad für Herren und Damen.

Garmisch 1900: »Behäbiger Ort an der Loisach mit malerischen alten Häusern, wird als Sommerfrische viel besucht«, schreibt Baedekers Reiseführer 1903. Ländliche Beschaulichkeit wurde im Industriezeitalter um die Jahrhundertwende hoch geschätzt. In Ober-Bayern boten sich den Photographen der Photochrom-Serien rustikale Sequenzen in Fülle an.

Rechts oben: Nicht alle Eigenschaften der Bayern waren im Norden geschätzt, doch das Ländlich-Sittliche – hier in einer frommen Szene vor dem Wegkreuz – wurde in seiner bayerischen Spielart als bodenständig und staatserhaltend gewürdigt.

Rechts unten: Dorfstraße in Garmisch.

Garmisch: Dorfpartie mit Kreuz

Garmisch: Dorfpartie

Zugspitze mit Signal

Oben: Die Zugspitze im Wettersteingebirge um 1900. Wollte man den höchsten Gipfel Deutschland erklimmen, so standen noch keine Bergbahnen zur Verfügung. Nur echte Bergwanderer gelangten zum 1897 erbauten »Münchner Haus« auf dem Westgipfel.

Rechts: Eine ausreichend gesicherte Kletterpartie »am Brett« an der Zugspitze.

ZUGSPITZE »AM BRETT«

NÜRNBERG: FLEISCHBRÜCKE

Oben: Nürnberg 1898: In der Nähe des Hauptmarkts führt die einbogige Fleischbrücke über die Pegnitz. Die Brücke soll eine Nachbildung der Rialtobrücke in Venedig sein. Die Fleischbrücke ist erhalten geblieben, die Häuser am Ufer der Pegnitz hingegen wurden im Zweiten Weltkrieg ausnahmslos zerstört.

Rechts: Das im 14. Jahrhundert in gotischem Stil erbaute Nassauer Haus in Nürnberg. Aufnahme von 1898. Im Vordergrund der Tugendbrunnen, der sein Wasser aus Frauenbrüsten fließen läßt. In Nürnberg verband sich die kulturelle Vergangenheit mit dem nationalen Pathos der Gegenwart. So kam es, daß der im Zeichen des Fortschritts erfolgte Mauerbruch der 70er Jahre von einem Lokalpoeten als Katastrophe empfunden wurde: »So konnte es geschehen, was schier unglaublich klang, Des Reiches Auferstehen ward Nürnbergs Untergang.«

Nürnberg: Nassauer Haus

KISSINGEN: RAKOCZY-QUELLE

Oben: Der Kurgarten des Städtchens Kissingen mit der Rakoczy-Quelle. Die zweite Quelle im vielbesuchten Badeort ist der »Pandur«. In Bad Kissingen wurde wie an andern Badeorten Wert auf die hierarchischen Strukturen der Gesellschaft gelegt. Die sozialen Abstufungen unter den Badegästen kamen bei den »Kur- und Musiktaxen« zum Ausdruck: »Vornehme Familien (1. Klasse) das Familienhaupt 30 M, jedes Familienglied über 15 Jahre 10 M, Kinder und Dienerschaft je 5 M; 2. Klasse 20, 6 und 3 M, 3. Klasse 10, 3 und 1½ M … Morgens 6–8 Uhr wird hier«, schrieb Baedeker, »bei guter Musik, Brunnen getrunken und umhergewandelt.« Die Aufnahme stammt aus dem Jahre 1899.

Rechts oben: Würzburg 1897: Über die mit barocken Heiligenfiguren geschmückte Alte Mainbrücke führt die Domstraße ans rechte Flußufer und am Alten Rathaus vorbei zum Dom. Im Zweiten Weltkrieg wurde das historische Stadtzentrum durch Brände verwüstet, seither aber zur Hauptsache wieder hergestellt.

Rechts unten: Bamberg 1898: Eines der Wahrzeichen der alten bayrischen Stadt in Niederfranken ist das 1744–56 auf einer künstlichen Insel im linken Arm der Regnitz errichtete Rathaus. Die eiserne Brücke verbindet die Bürger- und die Bischofsstadt.

Würzburg: Alte Mainbrücke

Bamberg: Untere Brücke mit Rathaus

Regensburg von den Winzerer Höhen aus

Passau

BAYREUTH: AUFFAHRT ZUM BÜHNENFESTSPIELHAUS

Links oben: Panorama-Ansicht von Regensburg, aufgenommen im Jahre 1898 von den Winzerer Höhen über die Donau hinweg.

Links unten: Passau 1902: Am linken Donau-Ufer stehen die Festungen Oberhaus und Niederhaus, die durch Wall und Mauern miteinander verbunden sind. Rechts die Mündung der Ilz.

Im Vordergrund fährt das Dampfboot »Budapest« der K. K. Donau - Dampfschiffahrts - Gesellschaft stromaufwärts.

Oben: Das 1876 eröffnete Festspielhaus Richard Wagners in Bayreuth. Die Aufnahme aus dem Jahre 1897 zeigt die pompös inszenierte Auffahrt der Theaterbesucher.

ULM

Oben: Ulm mit seinem imposanten Münster am linken Ufer der Donau, aufgenommen im Jahre 1895. Der Strom bildet die Grenze zwischen Württemberg und Bayern.

Rechts oben: Hafeneinfahrt von Lindau am Bodensee im Jahre 1894. Auf der südlichen Hafenmole ein sitzender Löwe aus Kelheimer Stein, auf der nördlichen der 33 Meter hohe Neue Leuchtturm. Im Hintergrund das vorarlbergische und das schweizerische Rheintal. Beim Dampfboot, das eben ausläuft, handelt es sich vermutlich um die »Bavaria I« der Königlich Bayerischen Staatseisenbahnen.

Rechts unten: Das Dampfboot »Greif« der Großherzoglichen Badischen Staatseisenbahnen läuft aus dem Hafen von Konstanz aus. Am Ende der Hafenmole steht das Pegelhaus. In der Bildmitte ist das Konzilsgebäude zu erkennen. Die Aufnahme entstand 1895.

Lindau: Hafeneinfahrt

Konstanz: Hafen

Höllental: Viadukt über die Ravennaschlucht

BAUERNHAUS IM SCHWARZWALD

Links oben: Wildbad an der Enz, eine alte Bäderstadt im Schwarzwald, aufgenommen im Jahre 1897. Die Olgastraße mit den Gasthöfen liegt am rechten Ufer der Enz, gegenüber ist die Trinkhalle zu sehen.

Links unten: Ein Güterzug auf dem eisernen Viadukt der Höllentalbahn der Badischen Staatsbahn, die 1887 den Betrieb zwischen Freiburg i. Br. und Donaueschingen aufnahm. 144 Meter lang und 36 Meter hoch war die Brücke. Der Einstieg ins Höllental beginnt beim Himmelreich. Die Bahnstrecke war als eigentliche Gebirgsbahn angelegt. Die steile Rampe vom Hirschsprung über die Ravenna-Brücke bis Hinterzarten wurde in den ersten Jahrzehnten mit Zahnradbetrieb überwunden. Später ersetzte man die elegante Eisenbrücke über die Ravenna-Schlucht durch eine Steinbrücke, und an die Stelle des Zahnstangensystems trat eine normale Adhäsionsbahn. Die Aufnahme stammt aus dem Jahre 1899.

Oben: Ein Bauernhaus im Schwarzwald mit üblichem Zubehör, aufgenommen im Jahre 1898. Das Schwarzwaldhaus – was immer man darunter verstand – gehörte für die Zeitgenossen ins Bild der heilen ländlichen Welt.

Der Stuttgarter Marktplatz im Jahre 1897, Mittelpunkt des alten Stuttgart. Der weiträumig angelegte Platz war von stattlichen, meist aus dem 16. Jahrhundert stammenden Patrizierhäusern umgeben. Das Rathaus – links im Bild – wurde nach der Jahrhundertwende durch einen Neubau ersetzt. Kein einziges Haus am Stuttgarter Marktplatz hat die Bombennächte des Zweiten Weltkriegs überstanden.

FOTOS: AKG, INTERFOT/VOLKER DERLATH

Das Herz von Stuttgart schlug und schlägt in Degerloch, wo Hermann Lenz und Sibylle Lewitscharoff wohnten. Vor allem wenn man mit der Zahnradbahn hinauffuhr. Hier eine Ansicht um 1900

Hölle aus dem Paradies

hat. Um-
Die Fähre
zwischen
nan dann
otten sind
gern An-
ißt Craig-
ensmittel
Destillerie

e für den,
r Sprung
Glasgow
wackelt.
ief in eine
t mit ma-
geschähe,
blieben.
ristopher
Matters"
der kluge
nicht den

wells Un-
ackelt ein
t, dass sie
rben; ge-
seine In-
ss er ein
und sogar
. . . Seine
Konflik-
uen und
en unter-
e Massen
s Empire
en Juden,
r Frauen
mus. Da-
e, in der
wurde er
heißt es:
konser-
olitischen

enke ich,

George Orwell zum 100. Geburtstag. Unterwegs auf der und zur schottischen Insel Jura, wo Orwell Motorrad fuhr, Gemüse zog, Torf stach und „Neunzehnhundertvierundachtzig" schrieb

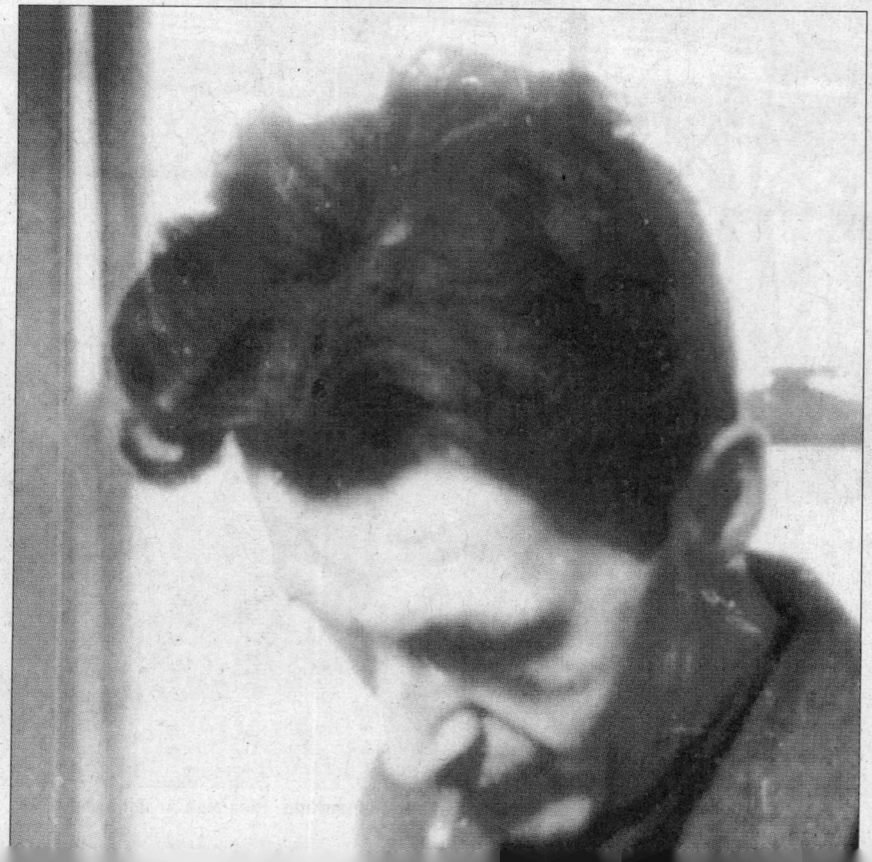

In Orwells „Mein Katalonien" – vielleicht dem schönsten Buch, das aus den Gräueln des spanischen Krieges erwachsen ist – gibt es drei Porträts von Barcelona. Das erste Bild zeigt das revolutionäre Barcelona, ein buntes, lebensfrohes, pathetisches Gewimmel; das letzte Bild zeigt Barcelona unter dem Stiefel der Kommunisten. In dieser Schilderung sind schon alle wichtigen Elemente von „Neunzehnhundertvierundachtzig" beisammen: die Plakate mit den Gesichtern schnauzbärtiger Führer; die Spitzel; der Verrat unter Freunden; das ständige Umschreiben der Geschichte.

Auf Jura hat Orwell die Bilanz aus alldem gezogen. In einem überhitzten Raum mit qualmendem Ölofen, immer eine Kippe zwischen den Lippen, wahrscheinlich hustend, hat er auf einer klapprigen Schreibmaschine ohne Umlaute seine folterkellerschwarze Satire aufs Papier gehauen. (Man hörte den Krach seiner Schreibmaschine noch vor dem Haus.) Zwischendurch ging er mit seinem Sohn (und seiner Schwester und dem Kindermädchen) Krebse fangen. Gelegentlich kamen Gäste. Schließlich ist Jura das Paradies. Einmal wären sie fast ertrunken, als Orwells Motorboot in den Strudel von Corryvreckan zwischen Jura und der Nachbarinsel Scarba geriet.

Es war der helle Wahnsinn. Denn Orwell hatte Tuberkulose. Das Klima war vielleicht gar nicht so schädlich für ihn, aber er hätte sich schonen müssen. Stattdessen arbeitete er im Garten, karrte Torf nachhause, und als es seinem Verleger Fred Warburg nicht gelang, eine Schreibkraft aufzutreiben, tippte er das korrigierte Typoskript einfach selber ab. Er lebte danach noch anderthalb Jahre.

ist, dass alle Erzeugnisse unserer Kultur in jener anderen Welt nicht existieren. Keine „Beatles", kein Elvis Presley, keine Rolling Stones; kein „Catch 22" von Joseph Heller. Ein Mensch aus unserer Welt, der sich in jenes Paralleluniversum verirrt hat, nimmt nun ganz selbstverständlich an, dass dort auch niemand von George Orwell gehört habe.

„Du machst wohl Witze?", entgegnet man ihm. „Jedes Kind in Amerika muss sich durch ‚Die Dunkelheit bricht ein' kämpfen." – „‚Die Dunkelheit bricht ein'? Wann hat er denn das geschrieben?" – „Irgendwann in den späten Dreißigern, glaube ich. Es ist so was wie das Meisterwerk der freien Welt. Orwell wurde in der britischen Revolte von 39 erschossen . . . "

Hier in unserem Universum denke ich – nachdem ich den Flug überlebt habe –: Orwell hat den Kalten Krieg gewonnen (übrigens ein Begriff, den er geprägt hat). Nicht Reagan mit seiner nuklearen Hochrüstung, nicht Gorbatschow mit seiner *perestrojka*. Jeder Dissident zwischen Ostberlin und Wladiwostok kann erzählen, wie ihm die Bücher von Orwell halfen, nicht geisteskrank zu werden. Nebenbei haben Generationen von Journalisten in der angelsächsischen Welt von seinen Essays gelernt, wie man klar, luzide und ideologiefrei Englisch schreibt. Kurz und gut, Orwell ist der Größte. Und dass er kein Genie war, tut dem keinen Abbruch. Im Gegenteil, es macht ihn sogar zu etwas Besonders Kostbarem: einem Vorbild.

Wo stünde er heute? Während sanft die Dunkelheit über die grünen, verregneten Hügel von Jura hereinbricht, gehe ich zurück in das kleine Hotel neben der Whisky-Destillerie. Dort hetzen im Hin-

Vielleicht brauchte er

Stuttgart: Marktplatz und Rathaus

Rothenburg o. T.: Plönlein

Rothenburg o. T. im Jahre 1899: Das Bilderbuch-Städtchen an der Tauber zog schon im vergangenen Jahrhundert die Besucher an. »In seiner reichen Fülle architektonischer Schönheiten und malerischer alter Straßenbilder steht Rothenburg einzig da«, meinte Baedeker. So kann man verstehen, daß sich die Photographen der Photochrom-Serien genußvoll in den romantischen Gassen tummelten und mit einer reichen Beute an Bildern nach Hause kamen. Hier war – anders als in den großen Industriestädten – das zu finden, was die Gemüter der Zeitgenossen ansprach.

Oben: Das Plönlein, ein besonders romantischer Winkel von Rothenburg o. T.

Rechts: Durchblick am Kobolzellertor. Auch die Bürger, die sich diskret auf den Straßen bewegten, wußten, was sie dem Bild des Städtchens schuldig waren.

Rothenburg o. T.: Durchblick am Kobolzellertor

FREIBURG I. BR.: KAISERSTRASSE

Oben: Die Kaiserstraße – heute Kaiser-Joseph-Straße – in Freiburg i. Br. Das Martinstor mit dem Turm im Hintergrund, noch im 19. Jahrhundert ein niedriger, massiver Steinklotz, wurde 1905 nach den Mittelalter-Visionen der Zeit neugotisch hergerichtet, wesentlich erhöht und mit Erkern und hoher Turmspitze versehen. Nach den schweren Zerstörungen des Zweiten Weltkrieges wurde die Kaiser-Joseph-Straße wieder aufgebaut. Die oben reproduzierte Aufnahme stammt von 1907.

Rechts oben: Mannheim 1897: Inmitten der mit Quadraten und Rechtecken schachbrettartig angelegten Innenstadt lag der Paradeplatz mit dem Kaufhaus. Die städtische Architektur war durch die hervorragende Stellung Mannheims als Handelsstadt am Oberrhein bestimmt. Das ehemalige Kaufhaus wurde im letzten Weltkrieg bis auf den Turm zerstört. 1964 wurde der Turm abgebrochen. Ende 1990 soll ein moderner Bau mit Mittelturmfassade an die Stelle des alten treten.

Rechts unten: Die belebte Kaiserstraße durchzieht die Stadt Karlsruhe von Ost nach West, vom Durlacher bis zum Mühlburger Tor. Die ehemalige badische Landeshauptstadt wurde im Zweiten Weltkrieg durch Luftangriffe schwer verwüstet. Die Häuser an der Kaiserstraße wurden fast vollständig zerstört und nach dem Krieg nach einem neuen Bebauungsplan wieder aufgebaut. Die Aufnahme der Photochrom-Photographen entstand 1897.

Mannheim: Paradeplatz und Kaufhaus

Karlsruhe: Kaiserstrasse

HEIDELBERG

Oben: Heidelberg 1894: Blick über den Neckar auf die Ruinen des Schlosses. »Eine Ruine, nach Umfang und Lage wohl die großartigste und schönste, an Reichtum der Architektur jetzt noch kaum von einem neuern Schloß in Deutschland erreicht«, schrieb ein Reiseführer.

Rechts: Straßburg, von 1871 bis 1918 als Hauptstadt von Elsaß-Lothringen dem Deutschen Reich einverleibt. In dieser Zeit pflegte man die deutsche Vergangenheit und den deutschen Charakter der ehemaligen Reichsstadt zu zelebrieren. Der Wunsch, die berühmte Stadt ins Reich heimzuholen, hatte die deutschen Truppen während der Belagerung im August 1870 nicht daran gehindert, mit einem sinnlosen Artillerie-Bombardement einen Teil der Altstadt in Brand zu schießen. Dabei wurden das Münster beschädigt und die wertvolle Bibliothek in der ehemaligen Dominikanerkirche zerstört. Unsere Aufnahme von 1897: Das in seiner heutigen Form aus dem 16. Jahrhundert stammende prunkvolle Bürger- und Handelshaus neben dem Münster, nach seinem ersten Besitzer Maison Kammerzell genannt.

Strassburg: Maison Kammerzell

Speyer: Altpörtel

WORMS

Links: Speyer 1897: Der mächtige Torturm des »Altpörtel« schließt die quer durch die Stadt führende Maximilianstraße im Westen ab. Bei Speyer beginne das eigentliche Rheinland, fanden einige Reiseschriftsteller. Beim Oberrhein handle es sich um einen natürlichen Zustand, bei Speyer und Mainz hingegen trete man in eine romantische Landschaft ein. Eine gewisse Vieldeutigkeit dieses Begriffs sei jedoch nicht auszuschließen.

Oben: Worms mit dem Dom inmitten der Altstadt. Aufnahme aus dem Jahre 1897.

MAINZ VON DER RHEINBRÜCKE AUS

Oben: Panorama von Mainz, gesehen vom rechten Ufer des Rheins aus. An den Landestegen liegen stattliche Rheindampfer vertäut. Die Aufnahme stammt aus dem Jahre 1893.

Rechts oben: Ebernburg an der Nahe mit den Ruinen der alten Burg, in der einst Franz von Sikkingen residierte und Ulrich von Hutten Zuflucht fand. Aufnahme von 1895.

Rechts unten: Kreuznach mit den malerischen Brückenhäusern auf der alten Nahebrücke, aufgenommen im Jahre 1895.

Ebernburg

Bad Kreuznach: Brückenhäuser

Rüdesheim mit Adlerturm und Niederwald-Denkmal

Bingen und Bingerbrück

Mäuseturm bei Bingen

Links oben: Rüdesheim am Rhein 1899: Hier und bei Bingen begann im Vokabular der Reiseführer und der Festredner der »deutsche Rhein«. Im Anblick dieser Landschaft rang man nach Worten: »romantisch-klassisch-deutsch«. Mit diesen und ähnlichen Parolen wurde der Rhein von Reich und Nation in Anspruch genommen. Nicht umsonst hatte man 1870 die Franzosen gänzlich vom Rhein vertrieben.

Links unten: Bingen mit Nahemündung und Bingerbrück im Jahre 1899. Das Rheintal verengt sich zum Binger Loch, einer seinerzeit für die Schiffahrt gefährlichen Stelle. Jenseits des Stroms der südliche Abhang des Niederwalds.

Oben: Der Mäuseturm auf der Insel unterhalb von Bingen, im Mittelalter Zollstation, hatte eine für die Schiffahrt nützliche Aufgabe. Eine Flagge auf dem Turm gab den talwärts fahrenden Schiffen ein Signal, wenn die Einfahrt ins Binger Loch frei war. Aufnahme von 1899.

Das befestigte mittelalterliche Städtchen Kaub am rechten Rheinufer ist bekannt durch seinen beachtlichen Weinbau. Über der Ortschaft die Burg Gutenfels. Die Burg Pfalz auf dem Pfalzgrafenstein im Rhein diente bis 1805 als Zollstätte. Aufnahme aus dem Jahre 1899.

Kaub und die Pfalz im Rhein

Niederwald-Denkmal

DIE LORELEY

Links: Das Nationaldenkmal auf dem Niederwald war errichtet worden »zum Andenken an die einmütige siegreiche Erhebung des deutschen Volkes und an die Wiederaufrichtung des deutschen Reiches 1870/71«. Das Monument zeugte weithin sichtbar vom Sieg über die Franzosen, die Rheinlandschaft diente als patriotische Kulisse. Der Niederwald, mit zwei Zahnradbahnen von Rüdesheim und von Assmannshausen bequem erreichbar, wurde zur nationalen Wallfahrtsstätte. Auch Ausländer zeigten sich beeindruckt. Der englische Reiseschriftsteller Sidney Whitman meinte 1889: »Wer auf das Niederwald-Denkmal blickt, ohne ein Gefühl der Frömmigkeit zu empfinden, der muß wenig Gemüt, wenig idealen Sinn besitzen, gleichviel zu welchem Volke er gehören mag.« Der Schweizer Jakob Christoph Heer, Autor des auch in Deutschland vielgelesenen »König der Bernina« und lebenslänglich Bewunderer des deutschen Reiches, konnte eine gewisse Skepsis nicht verbergen, als ihm eine exaltierte Dame zurief: »So weit Sie sehen, ist alles deutsch!« Die neuere Kunst im Reiche – damit meinte er die nationalen Monumente – sei doch sehr martialisch, und es sei zu hoffen, daß nun keine weiteren Siegesdenkmäler mehr gebaut würden. Aufnahme von 1899.

Oben: Der mächtige Fels der Loreley, um 1899, dem Jahr dieser Aufnahme, noch Lurlei genannt, weckte in den Gemütern der Reisenden eher Gedanken an Sagen und Fabelwesen als patriotische Gefühle. Die Natur ist an dieser Stelle eindrücklich genug, so daß man auf künstliche Monumente verzichten konnte.

KOBLENZ: DENKMAL KAISER WILHELMS I.

Oben: Am Zusammenfluß von Mosel und Rhein, dem sogenannten »Deutschen Eck« bei Koblenz, stand das monumentale Denkmal Kaiser Wilhelms I., der damit als Begründer des neuen deutschen Reiches gefeiert wurde. Die Photochrom-Photographen machten ihre Aufnahme im Jahre 1899. Das Reiterstandbild wurde im März 1945 von einer amerikanischen Granate zerstört. Die Überreste des Denkmals sind heute »Mahnmal der Deutschen Einheit«.

Rechts oben: Der Moselmündung gegenüber liegt auf dem rechten Ufer des Rheins die Festung Ehrenbreitstein, die in den Jahren 1816–26 von den Preußen gebaut wurde. Eine Schiffsbrücke führte über den Rhein nach Koblenz. Aufnahme von 1899.

Rechts unten: Über dem Städtchen Braubach am rechten Rheinufer steht auf hohem Fels die Marksburg, eine nicht zerstörte alte Festung. Aufnahme aus dem Jahre 1899.

Marksburg mit Braubach

Cochem an der Mosel

Oben: Das Städtchen Cochem im Moseltal, aufgenommen im Jahre 1903. Über der Ortschaft die 1689 von den Franzosen zerstörte, 1868–78 vom Geheimen Kommerzienrat Ravené im Zeichen der Mittelalter-Nostalgie wieder aufgebaute Burg Cochem.

Rechts: Schloß Eltz im Jahre 1899, eine malerisch in einem Seitental der Mosel gelegene, hoch aufragende Burg, die zwischen dem 13. und dem 16. Jahrhundert ausgebaut worden war.

Schloss Eltz im Moseltal

Drachenfels

Bonn: Rheinbrücke mit Siebengebirge

Links: Die Ruinen der Burg Drachenfels oberhalb von Königswinter am Rhein. Schon vor der Jahrhundertwende führte eine Zahnradbahn auf den Aussichtspunkt. Aufnahme von 1893.

Oben: Die Bonner Rheinbrücke, errichtet 1896–98, in einer Aufnahme von 1901. Baedeker beschreibt das Bauwerk: »Die Rheinbrücke... darf in ihrem schlanken, phantasievollen Bau als die schönste im Rheingebiet gelten. Sie überschreitet den Strom in drei Bogen, von denen der mittlere eine Spannweite von fast 188 m hat. Die ganze Länge beträgt 432 m. Reich ist auch der plastische Schmuck, meistens humorvoller Art, unter anderem das viel belachte Brückenmännchen.«

BONN: MARKTPLATZ

Oben: Der Bonner Marktplatz, hier in einer Aufnahme von 1899, war ein Mittelpunkt des städtischen Lebens. Am Bildrand rechts das Rathaus mit der hohen Freitreppe, in der Mitte des Platzes eine von der Bonner Bürgerschaft für den Kurfürsten Max Friedrich errichtete Brunnensäule.

Rechts: Die romanische Kirche St. Aposteln am Neumarkt in Köln, ein hervorragendes Beispiel der Romanik im Rheinland. Die Kirche wurde im Zweiten Weltkrieg schwer beschädigt, seither aber sorgfältig rekonstruiert. Aufnahme von 1897.

Köln: St. Aposteln

Panorama von Köln im Jahre 1893. Reisende, die mit dem Schiff eintrafen, fanden in diesen Jahren ein hervorragendes Gesprächsthema: Den zwischen 1842 und 1880 fertiggestellten Kölner Dom. Zustimmung zum imposanten Werk überwog. Auch die spöttischen Verse von Heinrich Heine vermochten die Begeisterung kaum zu dämpfen. August Reichensperger, einer der Förderer des Dombaus, hatte bereits 1843 im »Kölner Domblatt« geschrieben: »Der Katholik baut an seinem Gotteshaus, in welchem der Genius der Kunst auf den Schwingen der Religion den höchsten Flug angenommen. Alle aber fördern das herrliche Baudenkmal christlichen Sinnes, deutscher Kraft, deutscher Eintracht... Es gilt ja das Heiligste und Schönste: Religion, Vaterland, Kunst, sie rufen mit vereinter Stimme.« Was die Stimme betraf – da gab es ja noch die Kaiserglocke im Dom, gegossen aus eroberten französischen Geschützen. Der Kölner Dom als nationales Symbol – nicht jeder, der ins patriotische Feuer blies, tat es mit christlichen Gedanken. Unheilige Allianzen waren erlaubt und erwünscht. Ging es doch schließlich darum, die Originalität der deutschen Gotik gegenüber der französischen zu behaupten, mochte auch der kunsthistorische Grund für derartige Kraftakte unsicher sein.

Köln: Panorama

Limburg an der Lahn: Schloss und Dom

Oben: Der siebentürmige Limburger Dom, eine frühgotische Schöpfung, steht hinter dem Schloß auf einem Felsen hoch über der Lahn. Die Aufnahme stammt aus dem Jahre 1896.

Rechts oben: Der Kurpark von Wiesbaden mit der 30 Meter hoch springenden Fontäne im Jahre 1898. Wiesbaden, die alte Hauptstadt von Nassau, war einer der beliebtesten Kurorte Deutschlands, der um die Jahrhundertwende jährlich von über 130 000 Gästen besucht wurde.

Rechts unten: Der Kochbrunnen von Wiesbaden mit der Trinkhalle 1895. Baedeker schreibt darüber: »Der Kochbrunnen, der unter dem Pavillon am Ende der Trinkhalle entspringt, ist eine Vereinigung von 15 warmen Quellen, welche auf einem Flächenraum von wenigen Quadratmetern zu Tage treten und stündlich 22 800 Liter liefern.« 1902 wurden die Kochbrunnen-Anlagen umgebaut und vergrößert. Heute präsentiert sich der Brunnen verändert. Der alte Pavillon wurde durch eine neue Konstruktion ersetzt.

WIESBADEN: FONTÄNE IM KURPARK

WIESBADEN: KOCHBRUNNEN

Wetzlar mit Burgruine Kalsmunt

Bad Nauheim: Der grosse Sprudel

DARMSTADT: DER MARKTPLATZ

Links oben: Wetzlar auf einer Anhöhe am linken Ufer der Lahn, aufgenommen im Jahre 1899. Das auffälligste Gebäude ist der Dom mit romanischen und gotischen Bauteilen. Im Hintergrund rechts die Burgruine Kalsmunt.

Links unten: Das hessische Bad Nauheim 1897. Unsere Aufnahme zeigt den »Großen Sprudel« im Kurpark. Daneben entspringen noch zwei andere kohlensäurehaltige Salzquellen.

Oben: Darmstadt, die ehemalige Hauptstadt des Großherzogtums Hessen im Jahre 1896. Unsere Aufnahme zeigt den Markt mit dem alten Rathaus, einem Renaissancebau von 1600, und mit der Stadtkirche. Die Altstadt wurde durch Fliegerangriffe im Zweiten Weltkrieg zerstört, doch sind das alte Rathaus und die Stadtkirche inzwischen rekonstruiert worden.

Frankfurt a. M.: Kaiserstrasse

Oben: Vom Frankfurter Hauptbahnhof führt die verkehrsreiche Kaiserstraße in die innere Stadt. Auf der Aufnahme von 1899 ist die elektrisch betriebene Straßenbahn zu erkennen. Lebhaft ist der Verkehr mit Droschken (Einspänner) und Fiakern (Zweispänner). Die Taxameter-Droschken unterschieden sich in Frankfurt von den gewöhnlichen Miet-Vehikeln durch die Zylinder-Hüte der Kutscher, in Wiesbaden hingegen waren sie mit roten Rädern versehen.

Rechts: Der Dom von Frankfurt im Jahre 1899 inmitten der Altstadt. Das mittelalterliche Häusergewirr auf dem Römerberg zwischen Dom und Römer ist in den Bombennächten zerstört worden. Der Dom wurde restauriert.

Frankfurt a. M.: Der Dom

Frankfurt a. M.: Der Römer

Oben: Das alte Rathaus der Stadt Frankfurt, »Römer« genannt. Das Rathaus bestand aus verschiedenen, im 15. bis 18. Jahrhundert errichteten Gebäuden. Prunkstück des Römers war der Kaisersaal, in dem die neu gewählten Kaiser mit den Kurfürsten speisten. Nach dem Mahl pflegten sich die Kaiser dem versammelten Volk auf dem Balkon zu zeigen. Im Zweiten Weltkrieg wurde die Gebäudegruppe zerstört und in den fünfziger Jahren wieder aufgebaut. Aufnahme von 1900.

Rechts oben: Panorama der Altstadt von Frankfurt, aufgenommen im Jahre 1902 von Sachsenhausen aus. Im Bild rechts ist der eiserne Steg über den Main sichtbar. Die Stadt wird überragt vom Dom.

Rechts unten: Der Hauptbahnhof von Frankfurt war ein von den Zeitgenossen bewundertes neuzeitliches Bauwerk. Baedeker schrieb darüber 1902, im selben Jahr, in dem die Aufnahme gemacht wurde: »Der 1883–88 nach Eggert's Plan erbaute Hauptbahnhof gehört zu den großartigsten derartigen Anlagen, an Zweckmäßigkeit der Einrichtung hat er kaum seinesgleichen.« Das Gebäude ist in seiner typischen Struktur trotz Kriegsschäden erhalten geblieben.

Frankfurt a. M. von der untern Mainbrücke aus

Frankfurt a. M.: Hauptbahnhof

Kassel: Wilhelmshöhe. Die Löwenburg

Kassel: Fuldabrücke

Veste Coburg

Links oben: Die Wilhelmshöhe bei Kassel ist die prächtig angelegte ehemalige kurfürstliche Sommerresidenz von Kurhessen. In der Anlage steht die Löwenburg, eine 1793–96 als künstliche Ruine erbaute Ritterburg, in der Kurfürst Wilhelm I. beigesetzt ist. Aufnahme von 1900.

Links unten: Die Fulda-Brücke von Kassel zwischen Alt-Markt und Holzmarkt, aufgenommen im Jahre 1900.

Oben: Auf einem Hügel über der bayrischen Stadt Coburg, die am Südabhang des Thüringer Waldes liegt, thront die mächtige Veste Coburg. Im 19. Jahrhundert wurde die Coburg im Zeichen der Burgen-Romantik restauriert und weiter ausgebaut. Diese Bauetappe ist in unserer Aufnahme von 1897 festgehalten. Später nahm sich der Burgenrestaurator Bodo Ebhardt der Sache an und brachte die Festung in jenen Zustand, den er als originalgetreu betrachtete.

KÖLNISCHE MILCHHÄNDLERIN

Im Deutschland-Bild der Photochrom-Photographen kam die Landwirtschaft nur soweit zur Darstellung, als sie idyllische Ansichten lieferte, die mit den Vorstellungen der Bürger vom bodenständigen und unverdorbenen Bauerntum übereinstimmten. In der Sommerfrische fanden Städter Gelegenheit, der bäuerlichen Lebensweise nachzugehen und das, was man als kurios empfand, mit Neugier aufzunehmen.

Oben: Kölnische Milchhändlerin mit Familie, Esel-Karren und Kühen.

Rechts oben: Oberhof in Thüringen. Baedeker weiß zu berichten: »Oberhof (810 m) gothaisches Dorf mit 700 Einwohnern und einem herzoglichen Jagdschloß, ist wegen seiner hohen Lage auf grüner Bergwiese, rings von Waldungen umgeben, als Luftkurort beliebt und im Hochsommer, neuerdings auch im Winter (Sportfest), stark besucht.« Die Aufnahme stammt von 1897.

Rechts unten: Die Gäste der »Kaltwasserheilanstalt« von Lauterberg im heutigen Niedersachsen wanderten zum Beispiel nach dem Forsthaus, wenn sie echte Landwirtschaft betrachten wollten. Aufnahme von 1896.

Oberhof in Thüringen

Lauterberg: Forsthaus

Braunlage mit Wurmberg

Harz: Die Brockenbahn

BROCKENHAUS

Links oben: Braunlage, Höhenkurort im Harz, mit dem Wurmberg im Hintergrund. Der Wurmberg (971 m) ist der zweithöchste Aussichtspunkt des Harzgebirges. Meyers Harzführer von 1912 schränkte ein: »Die vormals lohnende Rundsicht ist zur Zeit verwachsen, doch lohnt der Anblick des aus dem Tal der Kalten Bode 450 m hoch aufsteigenden Brokkens den Besuch.« Aufnahme aus dem Jahr 1896. Heute gehört Braunlage zur Bundesrepublik, der Wurmberg zur Deutschen Demokratischen Republik.

Links unten: Die Brockenbahn im Jahre 1900. Über die vielgerühmte Bahn schreibt Meyers Harzführer: »Die Brockenbahn, eine reine Adhäsionsbahn mit 1 m Spurweite, 19 km lang, zweigt von der Harzquerbahn Wernigerode–Nordhausen bei Station Dreiannen–Hohne ab. Sie ist im Winterhalbjahr (15. Okt. bis 1. Mai) nicht in Betrieb. Die Steigungen werden ohne Zahnrad mittels großer Kehren überwunden, so daß sich die durchfahrene Landschaft nach allen Seiten hin dem Auge erschließt.«

Oben: Der Gipfel des Brocken (1142 m), die höchste Erhebung im Harzgebirge, mit Brockenhaus und Aussichtsturm. Brockenreisen haben eine alte Tradition. Im Mittelalter wurde der Berg gemieden. Die Besteigungen begannen im 15. Jahrhundert. Berühmte Gäste besuchten den Aussichtsberg, der aber, wie man in alten Berichten liest, oft im Nebel lag. Zar Peter der Große stieg 1697 auf den Berg. Goethe war dreimal auf dem Brocken und brachte den hier angesiedelten Spuk und die Hexensagen im Faust in literarische Form. Heinrich Heine betrachtete in der »Harzreise« die Touristenszene mit sarkastischem Humor. Das hier abgebildete Brockenhaus – Aufnahme von 1896 – wurde nach der Jahrhundertwende durch einen Neubau ersetzt, der seinerseits 1952 militärischen Bauten zum Opfer fiel. Nach dem Zweiten Weltkrieg geriet der Brocken ins Sperrgebiet an der Grenze der Deutschen Demokratischen Republik und war nicht mehr zugänglich.

Prinzess Ilse bei Ilsenburg

Oben: Nahe beim Städtchen Ilsenburg lag am Fuße des Ilsensteins der Gasthof Prinzeß Ilse, ein seinerzeit bekanntes Ausflugziel im Harz. Von hier führt ein Weg in steilem Anstieg auf den Brokken. Aufnahme 1896. Heute steht an diesem Platz ein Bau der Armee.

Rechts: Zwischen Stolberg und Alexisbad im südöstlichen Harz erhebt sich der Auerberg mit der Josephshöhe. Das eiserne Josephskreuz – 38 Meter hoch mit 200 Stufen – wurde 1896 errichtet, nachdem an dieser Stelle bereits ein von Schinkel entworfenes Kreuz gestanden hatte. Von der Spitze des Turmes konnte man – so stand es im Reiseführer – den Brocken, die Magdeburger Domtürme und die Türme von Erfurt betrachten. Aufnahme aus dem Jahre 1903.

Das Kreuz ist wieder instand gestellt worden, der Unterbau hingegen fehlt.

Harz: Josephskreuz auf der Josephshöhe

Quedlinburg am Harz: Stiftskirche

WERNIGERODE: RATHAUS

Links: Quedlinburg am Harz im Jahre 1900. Auf einem Sandsteinfelsen Schloß und Stiftskirche St. Servatius. Die in dieser Aufnahme sichtbaren Turmspitzen sind inzwischen durch niedrige Helme ersetzt worden. Die im nördlichen Harzvorland angesiedelte Stadt liegt im Tal der Bode.

Oben: Wernigerode am Nordrand des Harz, aufgenommen im Jahre 1901. Das Städtchen ist bekannt durch seine Fachwerkbauten. Über dem Tor des hier abgebildeten Rathauses stand der Denkspruch: »Einer acht's, der Andre verlacht's, der Dritte betracht's, was macht's.«

HALBERSTADT: RATHAUS

Oben: Halberstadt im nördlichen Harzvorland war – abgesehen von den sakralen Bauten – bekannt durch die aus dem 15. und 16. Jahrhundert stammenden Fachwerkhäuser. Die Aufnahme von 1903 zeigt das zwischen Fischmarkt und Holzmarkt gelegene gotische Rathaus. Die Altstadt von Halberstadt wurde 1945 dem Erdboden gleichgemacht. Von den hier abgebildeten Häusern ist nichts mehr vorhanden.

Rechts: Unter den Fachwerkbauten von Halberstadt fiel das Haus Stelzfuß durch seine originelle Konstruktion auf. 1576 erbaut, war es ein Beispiel der sogenannten Fachwerkrenaissance. Am 8.4. 1945 wurde das Haus zerstört. Unsere Aufnahme stammt von 1903.

HALBERSTADT: ALTES HAUS STELZFUSS

Bodetal: Hexentanzplatz

Oben: Der Hexentanzplatz über dem Bodental im Harz, photographiert im Jahre 1896. »Ein Aussichtspunkt von mächtiger Wirkung, besonders für die, welche, durch den Wald kommend, unerwartet die zerklüftete Felsenwelt zu ihren Füßen liegen sehen«, schrieb Meyers Harzführer 1902. Für Gastlichkeit auf der Felsenplatte mit dem verrufenen Namen war gesorgt. Das »Hotel Hexentanzplatz« bot ein Restaurant und 25 Zimmer an und – dies ungewöhnlich und fortschrittlich in den Jahren vor dem Ersten Weltkrieg – eine Autogarage.

Rechts: Der Reichsgründung von 1871 sei es gedankt – auch das Kyffhäusergebirge kam zu seinem nationalen Monument. Barbarossa in seiner Höhle blieb nicht allein. 1890–96 wurde über den Ruinen der alten Reichsburg Kyffhausen ein 81 m hohes Denkmal für Kaiser Wilhelm I. errichtet. Eine Kaiserkrone bildet den obern Abschluß des mächtigen Bauwerks. Zum Denkmal gehört die im Vordergrund sichtbare Denkmals-Wirtschaft. Aufnahme von 1897.

Kyffhäuser: Kaiser Wilhelm-Denkmal und Restaurant

Eisenach: Karlsplatz mit Lutherdenkmal

Oben: Der Karlsplatz von Eisenach – heute Platz der Deutsch-Sowjetischen Freundschaft – im Jahre 1896. Die Anlage wird begrenzt von der spätromanischen Nikolaikirche und vom Nikolaitor. In der Mitte des Platzes steht das in Bronze gegossene Lutherdenkmal von A. von Donndorf.

Rechts oben: Die Wartburg über der Stadt Eisenach, aufgenommen um 1908. Der gewaltige frühmittelalterliche Profanbau wurde zwischen 1838 und 1900 von H. von Ritgen und Bodo Ebhardt nach dem Mittelalterbild der Epoche rekonstruiert. Im Restaurationsplan war vorgesehen, »ein treues Bild geben zunächst von der Glanzperiode im XII. Jahrhundert als Sitz mächtiger kunstliebender Landgrafen und als Kampfplatz der größten deutschen Dichter des Mittelalters; und dann später im Anfang des XVI. Jahrhunderts als Asyl Dr. M. Luthers und als die Stelle, von der der große Glaubenskampf ausging.«

Rechts unten: Burghof der Wartburg mit den Fachwerkbauten.

Die Wartburg von Südwest

Wartburg: Burghof

Blankenburg. Eingang ins Schwarzatal

Alexisbad

PRINZENTEICH BEI EISENACH

Links oben: Bäder, Sommerfrischen und Luftkurorte waren an Flüssen und auf Höhenzügen im Harz und im Thüringer Wald angesiedelt. Unsere Aufnahme von 1895 zeigt den Eingang ins Schwarzatal bei Bad Blankenburg in Thüringen. Das im Bild sichtbare Kurhaus »Chrysopras« am Ufer der Schwarza konnte den Gästen 160 Zimmer anbieten. Im Städtchen Blankenburg hatte der Pädagoge Friedrich Fröbel 1840 den ersten deutschen Kindergarten gegründet.

Links unten: Alexisbad im bewaldeten Tal der Selke im Jahre 1896. Geboten wurde ein Stahlbad, darüber hinaus rühmte man das Klima und die angenehme Topographie, die zum Beispiel zu Wanderungen auf die nahe Victorshöhe mit ihrem Aussichtsturm einlud. Heute präsentiert sich Alexisbad mit modernisierten Kurgebäuden.

Oben: Bootsfahrten auf Seen und Teichen gehörten zu den beliebten Attraktionen der Bürger, die mit diesem beschaulichen Sport der Natur ihre Reverenz erwiesen. Die Aufnahme von 1896 zeigt eine Bootspartie auf dem Prinzenteich bei Eisenach.

ERFURT: DOM UND MARKT

Oben: Dom und Severikirche auf dem Domberg von Erfurt. Die geschlossene Baugruppe ist ein eindrückliches Beispiel mittelalterlicher Architektur. Der Friedrich-Wilhelm-Platz im Vordergrund – heute Domplatz – diente auch als Marktplatz. Die Aufnahme stammt aus dem Jahre 1895.

Rechts oben: Weimar 1896: Das Schloß mit dem barock verkleideten spätgotischen Turm und der sogenannten Bastille.

Rechts unten: Bei Meiningen im obern Werratal thront das 1836–41 gebaute herzogliche Schloß Landsberg auf einem Hügel. Aufnahme von 1896.

Weimar: Das Schloss

Meiningen: Burg Landsberg

Jena: Burgkeller

HALLE: MARKT MIT RATHAUS

Links: Burschenherrlichkeit in Jena. In dieser Stadt waren im 18. und 19. Jahrhundert führende Gestalten des deutschen Geisteslebens aufgetreten. Noch um die Jahrhundertwende sprach man vom »Stapelplatz der Wissenschaften«. Aufnahme von 1896.

Oben: Der Marktplatz von Halle an der Saale mit dem Rathaus im Jahre 1897. Das Rathaus ist ein im 14. Jahrhundert begonnener und im 19. Jahrhundert im Pseudo-Renaissance-Stil vollendeter Bau.

LEIPZIG: BUCHHÄNDLERBÖRSE

Oben: Das Buchhändlerhaus in Leipzig, 1886–88 im Stil eines deutschen Renaissance-Palastes errichtet. Aufnahme von 1896. Dieses Gebäude war Sitz des Börsenvereins des Deutschen Buchhandels und damit Zentrum von Verlag und Buchhandel in den deutschsprachigen Ländern. Über den Leipziger Kommissionsbuchhandel wurde ein wesentlicher Teil der deutschen Buchproduktion an den Buchhandel ausgeliefert. Am Montag nach Kantate fanden jeweils im Buchhändlerhaus die jährlichen Abrechnungen statt. Das Buchhändlerhaus wurde im Zweiten Weltkrieg zerstört.

Rechts oben: Leipzig als Stadt der Kultur und der Wissenschaft. Die Aufnahme von 1897 zeigt in der Bildmitte das 1880–84 gebaute Gewandhaus und rechts im Bild das ebenfalls neu errichtete Gebäude der Universitätsbibliothek. Das hier abgebildete Gewandhaus ist verschwunden, der rechte Flügel des Bibliotheksgebäudes eine Ruine. Das neue Gewandhaus steht am Karl-Marx-Platz (früher Augustusplatz).

Rechts unten: Das Siegesdenkmal auf dem Markt von Leipzig im Jahre 1896. Einmal mehr galt es, den Sieg über die Franzosen zu feiern. Das Monument versammelte eine illustre Gruppe von nationalen Heldenfiguren. Unter der Obhut der Germania fanden sich ein: Kaiser Wilhelm I., Kronprinz Friedrich Wilhelm von Preußen, Kronprinz Albert von Sachsen, Moltke und Bismarck. Das Siegesdenkmal wurde 1945 demoliert und eingeschmolzen. An der selben Stelle stand bis 1679 nota bene die Börse der Buchhändler.

Leipzig: Neues Konzerthaus und Bibliothek

Leipzig: Siegesdenkmal

CHEMNITZ: SCHLOSS MIRAMAR

Oben: Das sogenannte Schloß von Chemnitz mit spätgotischer Kirche und Schloßteich im Jahre 1900. Bei der Gebäudegruppe auf dem Schloßberg handelt es sich um die Überreste eines ehemaligen Benediktinerklosters. Die Kirche war in den Jahren 1514–25 erbaut worden. Miramar war eine Ausflugsgaststätte, die im Krieg abgebrannt ist.

Rechts oben: Die Aufnahme von 1899 präsentiert die klassische Uferfront an der Elbe in Dresden, gesehen von der Königin-Carola-Brücke (heute Dr. Rudolf-Friedrichs-Brücke) aus. Zu erkennen sind die Semper-Oper, die Hofkirche, das Schloß und die Brühlsche Terrasse. Die Frauenkirche mit der hohen Kuppel – links im Bild – ist im Zweiten Weltkrieg zerstört worden. Heute ist von einem Wiederaufbau die Rede.

Rechts unten: Der 1893–98 konstruierte Hauptbahnhof von Dresden, aufgenommen ein Jahr nach seiner Eröffnung. Der Platz vor der langgezogenen Halle hieß damals Wiener Platz, heute Lenin-Platz. Das Gebäude ist trotz einigen Veränderungen noch erhalten.

Dresden von der Carolabrücke aus

Dresden: Hauptbahnhof

Der Altmarkt von Dresden in einer Aufnahme von 1899. Schon im Mittelalter lag der Markt an zentraler Stelle in der Stadt. Auch auf dem Altmarkt errichtete man ein Siegesdenkmal für den Krieg von 1870/71 mit einer Germania in Carrara-Marmor. Im Zweiten Weltkrieg wurden die Gebäude am Altmarkt völlig zerstört. Heute existiert vom historischen Baubestand einzig noch die Kreuzkirche, deren Turm im Zentrum der Aufnahme zu sehen ist.

Dresden: Altmarkt

DRESDEN: LOSCHWITZ–WEISSER HIRSCH. DRAHTSEILBAHN

Oben: am rechten Ufer der Elbe oberhalb von Dresden liegt das Städtchen Loschwitz. An den Hügeln oberhalb der Ortschaft dehnten sich Villenviertel aus. Schon um die Jahrhundertwende – die Aufnahme stammt von 1899 – führte eine Standseilbahn die Touristen hinauf zum Luisenhof. Die originell angelegte Bahn fährt heute noch.

Die Sächsische Schweiz liegt im Elbsandsteingebirge südöstlich von Dresden. Die Gebirgsformation reicht nach Böhmen hinüber. Die bizarren Erosionsformen haben seit der Romantik die Phantasie der Reisenden beschäftigt, die sich hier in einer wohlpräparierten Zauberwelt bewegten.

Rechts oben: Das Prebischtor, auf böhmischem Territorium gelegen, ist ein mächtiger Felsbogen, unten über 30 m breit, mit einer 15 m langen Deckplatte. Es versteht sich von selbst, daß ein Gasthaus mit Restaurant sich um die leiblichen Bedürfnisse der Touristen kümmerte. Aufnahme von 1899.

Rechts unten: Auch der Kuhstall ist ein oft besuchtes Felsentor im Elbesandstein. Die Aufnahme stammt aus dem Jahre 1899.

Sächsische Schweiz: Prebischtor

Sächsische Schweiz: Kuhstall

BRESLAU: RATHAUS OSTSEITE

Oben: Das Rathaus von Breslau – heute das polnische Wroclaw – im Jahre 1895. Die Aufnahme zeigt die Ostseite des spätgotischen Hauses, das Baedeker in einer zeitgenössischen Darstellung wie folgt beschreibt: »Das gotische Rathaus, in Backsteinbau mit Sandsteingliedern. Der künstlerisch reifste Profanbau des späten Mittelalters in den Ostmarken, in der Hauptsache aus dem Ende des 15. Jahrhunderts stammend. An der östlichen Schmalseite in der Mitte ein großer, prächtig verzierter Giebel, links davon ein schöner Erker... Im ersten Stock der von vier Kreuzgewölben überdeckte, auf einem Pfeiler ruhende Fürstensaal, worin die Versammlungen der schlesischen Fürsten und Stände stattfanden.«

Rechts oben: Das schlesische Görlitz an der Neisse war um die Jahrhundertwende eine wichtige Industriestadt mit Textil- und Maschinenfabriken. Die Aufnahme von 1899 zeigt die spätgotische Kirche St. Peter und Paul und die auf dem rechten Ufer der Neisse gelegene Häuserfront, die heute zur polnischen Stadt Zgorzelec gehört. St. Peter und Paul wurde 1891 überflüssigerweise mit zwei neugotischen Türmen versehen.

Rechts unten: Südlich der Altstadt von Görlitz führt der 475 m lange und 35 m hohe Eisenbahnviadukt über die Neisse. Aufnahme von 1899.

Görlitz an der Neisse: Alte Brücke und Peterskirche

Görlitz: Viadukt

POTSDAM: MATROSENSTATION

In Potsdam, der zweiten Residenz des Kaisers und Königs, war die preußische Vergangenheit gegenwärtig. »Die Stadt verdankt ihren Glanz Friedrich dem Großen«, dozierte Baedeker 1913, »der fast beständig hier residierte. Potsdam ist die eigentliche Wiege des preußischen Kriegsheeres, und heute noch sind die vielen Soldaten, besonders die ausgesuchten Mannschaften der Garde, charakteristisch für das Stadtbild.«

Oben: Die Matrosenstation in Potsdam im Jahre 1895. Auch die Kriegsmarine war in den Binnengewässern von Potsdam präsent. Die heute verschwundene Station im Jungfernsee lag nahe der Glienicker Brücke.

Rechts oben: Das Neue Palais am westlichen Rand des Park Sanssouci, aufgenommen im Jahre 1895. Seit 1889 diente der Palast Kaiser Wilhelm II. als Sommerresidenz.

Rechts unten: Schloß Sanssouci im Jahre 1895. Von der großen Fontäne führt eine Freitreppe in sechs Terrassen hinauf zum Schloß, das 1745–47 vom Architekten Knobelsdorff nach Skizzen Friedrichs II. erbaut wurde. Im Jahre 1991 sollen die sterblichen Überreste von Friedrich dem Großen nach langer Irrfahrt auf einer Terrasse des Schlosses beigesetzt werden. Damit wird der letzte Wille des Königs in Erfüllung gehen.

Potsdam: Neues Palais

Potsdam: Schloss Sanssouci

Berlin 1899: Die Neue Wache unter den Linden, auch Königswache genannt. Im Hintergrund rechts steht das alte Zeughaus, das älteste Bauwerk Unter den Linden. Bei der Neuen Wache präsentierte sich das Kaiserreich von seiner martialischen Seite. Inmitten eines bunten Getümmels von Fußgängern, Droschken, Lastwagen und Pferdestraßenbahnen zog vor den mächtigen Säulen des kastellartigen Gebäudes jeweils um 12¾ Uhr die Wache auf. Eingefaßt wurde die Szene von den Standbildern von Bülows und Scharnhorsts. Neben der Wache – hier auf dem Bild nicht sichtbar – standen drei große Geschütze. Das mittlere von ihnen war die »belle Josephine«, eine Kanone, die man 1871 im Fort Mont-Valérien bei Paris erbeutet hatte. Falls sich ein französischer Tourist nach Berlin verirrte, wurde ihm auch an dieser Stelle eine Geschichtslektion erteilt. Die neue Wache wurde im Zweiten Weltkrieg ebenso wie das Zeughaus schwer beschädigt. Nach dem Krieg baute man Wache und Zeughaus wieder auf. Aus der Königswache wurde ein »Mahnmal für die Opfer des Faschismus und Militarismus«. Wachaufzüge vor diesem historischen Denkmal finden auch heute noch statt. Im ehemaligen Zeughaus wurde das »Museum für Deutsche Geschichte« eingerichtet. Die im Krieg zerstörte Kuppel des Gebäudes ist nicht rekonstruiert worden.

Berlin: Neue Wache

BERLIN: UNTER DEN LINDEN

Oben: Berlin Unter den Linden im Jahre 1895. Rechts im Bild ist die königliche Bibliothek zu erkennen, links das Palais Kaiser Wilhelms I. Mitten in der Prunkallee steht das Denkmal Friedrichs des Großen, das von den Zeitgenossen als eines der schönsten Reiterstandbilder gelobt wurde.

Rechts oben: Zwischen dem Brandenburger Tor und dem Königlichen Schloß präsentierten sich in der prächtigen Allee Unter den Linden Machtfülle des preußischen und später des Deutschen Staates. Das Brandenburger Tor wurde 1788–91 nach Motiven der Propyläen in Athen in Sandstein errichtet und 1794 mit Schadows Quadriga gekrönt. 1868 fügte man zu beiden Seiten des Tors die Säulenhallen an. Die Aufnahme von 1895 zeigt den Pariser Platz vor dem Brandenburger Tor. Im Bilde rechts das Palais der französischen Botschaft. Heute sind mit Ausnahme von Tor und Säulenhallen die Gebäude am ehemaligen Pariser Platz verschwunden.

Rechts unten: Auf der Berliner Museumsinsel steht das von Schinkel 1824–28 erbaute Alte Museum mit der von 18 ionischen Säulen getragenen Vorhalle. Der Lustgarten vor dem Museum gehörte ursprünglich zum Schloßgarten. Aufnahme von 1895.

Berlin: Neue Wache

BERLIN: UNTER DEN LINDEN

Oben: Berlin Unter den Linden im Jahre 1895. Rechts im Bild ist die königliche Bibliothek zu erkennen, links das Palais Kaiser Wilhelms I. Mitten in der Prunkallee steht das Denkmal Friedrichs des Großen, das von den Zeitgenossen als eines der schönsten Reiterstandbilder gelobt wurde.

Rechts oben: Zwischen dem Brandenburger Tor und dem Königlichen Schloß präsentierten sich in der prächtigen Allee Unter den Linden Machtfülle des preußischen und später des Deutschen Staates. Das Brandenburger Tor wurde 1788–91 nach Motiven der Propyläen in Athen in Sandstein errichtet und 1794 mit Schadows Quadriga gekrönt. 1868 fügte man zu beiden Seiten des Tors die Säulenhallen an. Die Aufnahme von 1895 zeigt den Pariser Platz vor dem Brandenburger Tor. Im Bilde rechts das Palais der französischen Botschaft. Heute sind mit Ausnahme von Tor und Säulenhallen die Gebäude am ehemaligen Pariser Platz verschwunden.

Rechts unten: Auf der Berliner Museumsinsel steht das von Schinkel 1824–28 erbaute Alte Museum mit der von 18 ionischen Säulen getragenen Vorhalle. Der Lustgarten vor dem Museum gehörte ursprünglich zum Schloßgarten. Aufnahme von 1895.

Berlin: Brandenburger Tor

Berlin: Museum und Lustgarten

Berlin: Thronsaal im königlichen Schloss

Berlin: Bildergalerie im königlichen Schloss

Berlin: Lustgarten mit königlichem Schloss

Links oben: Die vergangene Herrlichkeit im Königlichen Schloß: Der Thronsaal war für Besucher gewöhnlich nicht zugänglich. Aufnahme von 1895.

Links unten: Die 60 m lange Bildergalerie, die bei Festlichkeiten als Speisesaal diente, durfte vom Publikum besucht werden.

Oben: Der Lustgarten mit dem Königlichen Schloß in einer Aufnahme von 1895. Der monumentale Palast hatte eine jahrhundertealte, umständliche Baugeschichte. Auch Kaiser Wilhelm II. betätigte sich als Baumeister am Schloß, das er zu seiner Winterresidenz erkor. Hier waren die Untertanen dem Herrscher nahe. Baedeker berichtet: »Die Räume des Kaisers liegen nach dem Schloßplatz zu, die der Kaiserin schließen sich westlich an... Eine aufgezogene Purpurstandarte (auf der Nordseite) zeigt die Anwesenheit des Kaisers an.« Die Ruinen des im Krieg beschädigten Königlichen Schlosses wurden beseitigt und durch Anlagen ersetzt, die dem neuen Regime dienten. Das Schloß und der Lustgarten wurden durch den Marx-Engels-Platz verdrängt, an dessen östlicher Flanke der Palast der Republik steht. Ein bescheidener Überrest des Schlosses ist erhalten: Das Portal des Lustgartenflügels wurde in das Gebäude des ehemaligen Staatsrates der DDR eingebaut.

Berlin: Dom und Friedrichsbrücke

Oben: Der Berliner Dom am östlichen Arm der Spree. Die Aufnahme von 1901 zeigt im Vordergrund die Friedrichsbrücke, im Hintergrund rechts ist die Kuppel des inzwischen verschwundenen Königlichen Schlosses sichtbar. Der mit seiner Baumasse die Umgebung beherrschende Dom wurde 1894–1905 nach italienischen Vorbildern aus Renaissance und Barock gebaut. Im Zweiten Weltkrieg stark beschädigt, ist das Äußere der Kirche wieder hergestellt. Im Innern sind die Zerstörungen nur zum Teil beseitigt.

Rechts oben: Der Potsdamer Platz im Jahre 1899. Dieser zentrale Punkt galt als verkehrsreichster Platz Europas. Von hier aus gelangte man zum gleich anschließenden Leipziger Platz und zur Leipziger Straße, einer Hauptverkehrsader des alten Berlin. Im Zweiten Weltkrieg sind die Gebäude um den Potsdamer Platz von der Bildfläche verschwunden. Seit der Öffnung der Mauer wird eine neue Überbauung geplant. Ein gigantisches, von verschiedenen Seiten angefochtenes Projekt sieht die Errichtung eines Dienstleistungszentrums von Daimler Benz vor.

Rechts unten: Das Victoria Hotel Unter den Linden 1899. Die Prachtstraße Unter den Linden war ständig von pulsierendem Leben erfüllt. Die Aufnahme zeigt die Einmündung der Friedrichstraße in die große Allee. Wer heute an diesem Punkt steht, hält vergebens nach Zeugen der wilhelminischen Vergangenheit Ausschau.

Berlin: Victoria Hotel unter den Linden

SPREEWALD: KIRCHGANG IN BURG

In den feuchten Niederungen des Spreewalds löst sich die träge fließende Spree in zahlreiche Wasserläufe, die sogenannten Fließen, auf. Der Spreewald ist vor allem von Sorben bevölkert. In den Niederungen wurde seit jeher Landwirtschaft betrieben. Die Wasserläufe erlaubten einfache Transporte, und das nahe Berlin war der ideale Absatzmarkt.

Oben: Kirchgang in Burg im Spreewald. Aufnahme von 1902.

Rechts oben: Mühle in Burg im Spreewald. Fließen bildeten ein weitläufiges Kanalnetz, das mit Kähnen befahren wurde. Schon früh suchten die Berliner und andere Stadtbewohner die urtümliche Landschaft auf, die einen so unverkennbaren Kontrast zur Großstadt bot. Die Aufnahme stammt aus dem Jahre 1902.

Rechts unten: Dölzkefließ im Spreewald 1902. In der Postkartenlandschaft mit den Fracht- und Touristenkähnen mischten sich die sorbischen Kostüme mit jenen der Städter.

Spreewald: Mühle in Burg

Spreewald: Dölzkefliess

Schwerin: Grossherzogliches Schloss Südostseite

Dessau: Das Schloss

Magdeburg: Dom von der Zitadelle aus gesehen

Links oben: Das großherzogliche Schloß Schwerin auf der Insel zwischen dem Schweriner und dem Burgsee, aufgenommen im Jahre 1896. Gotik, Renaissance und Barock sind in der pompösen Architektur des Palastes untergebracht. Der erst im 19. Jahrhundert als Residenzschloß aufgeführte Bau ist dem französischen Schloß Chambord nachempfunden.

Links unten: Das herzogliche Schloß in Dessau im Jahre 1894. Das Residenzschloß der Herzöge von Anhalt wurde in verschiedenen Jahrhunderten und in unterschiedlichen Baustilen errichtet. Nach den Bombenangriffen des Zweiten Weltkriegs blieb nur der im 16. Jahrhundert gebaute Westflügel (rechts im Bild) erhalten.

Oben: Blick über die Elbe auf den Dom und den mittelalterlichen Stadtteil von Magdeburg, in dem ursprünglich vor allem der adelige Klerus residierte. Nach den Kriegszerstörungen ist die Bausubstanz der Altstadt, abgesehen vom Dom, nur zu einem bescheidenen Teil erhalten geblieben. Aufnahme von 1896.

Insel Rügen: Sellin. Strandansicht

Insel Rügen: Kleine Stubbenkammer

STETTIN: LANGE BRÜCKE

Links oben: Der Strand des Seebads Sellin auf Rügen, im Südosten der Insel gelegen. Aufnahme von 1899.

Links unten: Die Kreidefelsen der Stubbenkammer auf Rügen im Jahre 1899. Die an der Ostküste der Halbinsel Jasmund aufsteigende Kreidewand war für Touristen stets eine Attraktion.

Oben: Stettin, heute das polnische Szczecin, Hauptstadt der ehemaligen Provinz Pommern. An der Oder gelegen, war Stettin der wichtigste Seehandelsplatz von Preußen. Altstadt und Hafen wurden im Zweiten Weltkrieg weitgehend zerstört. Die Aufnahme stammt aus dem Jahre 1897.

Danzig

Oben: Danzig, das polnische Gdansk, am Fluß Mottlau gelegen, der unterhalb der Stadt in die Weichsel mündet. Die einstige Hansastadt lebte während Jahrhunderten vom polnischen Hinterland, entwickelte sich als Seehafen und stand als freie Stadt zeitweise unter dem Schutz des Königs von Polen, bis sie 1793 von den Preußen besetzt wurde. Die im Krieg zerstörte Stadt wurde historisch getreu wieder aufgebaut. Aufnahme von 1897.

Rechts: Königsberg mit Schloßturm und Denkmal Kaiser Wilhelms I. im Jahre 1897. Der Reichsgründer und erste Kaiser war um die Jahrhundertwende in unzähligen Monumenten quer durch das Land gegenwärtig. Baedeker charakterisiert die Stadt Königsberg 1913 mit den folgenden Worten: »Königsberg, starke Festung, zweite Haupt- und Residenzstadt des Königreichs Preußen, Sitz des Oberpräsidiums der Provinz Ostpreußen und des Generalkommandos des I. Armeekorps, mit 260 000 Einwohnern (einschließlich 9500 Mann Besatzung), liegt auf hügeligem Boden am Pregel, 7 km von dessen Mündung ins Frische Haff.«
Das im Zweiten Weltkrieg dem Erdboden gleichgemachte Königsberg wurde in die Sowjetunion eingegliedert und erhielt den Namen Kaliningrad. Die Stadt ist teilweise rekonstruiert worden.

Königsberg: Schlossturm und Kaiser Wilhelm I.

GOSLAR: GEWANDHAUS

Oben: Die »Kaiserworth« in Goslar, das frühere Gildenhaus der Gewandschneider, aufgenommen im Jahre 1896. Goslar, einst Reichsstadt und Kaiserpfalz, ist am Nordrand des Harz gelegen. Aufnahme von 1896.

Rechts: Die Andreaskirche in Hildesheim mit dem 118 m hohen Westturm, aufgenommen im Jahre 1903. An der auf die Kirche hinführenden Straße stehen Holzhäuser mit den für Hildesheim typischen Fassaden. Im Zweiten Weltkrieg wurde die Altstadt weitgehend zerstört. Die Andreaskirche hat man seither wieder aufgebaut.

Andreaskirche in Hildesheim

HILDESHEIM: DAS GROSSE VENEDIG

Oben: Hildesheim 1899: Das sogenannte »Große Venedig« am Flüßchen Innerste.

Rechts: Das Knochenhaueramtshaus in Hildesheim im Jahre 1898, von zeitgenössischen Reiseführern als schönster und größter Fachwerkbau Deutschlands gerühmt. Das Haus wurde am 22. März 1945 zusammen mit dem Kern der Stadt bis auf den Grund weggefegt. Eine Zeitlang stand an seiner Stelle ein Hotel. In jüngster Zeit wurde das Knochenhaueramtshaus wieder nachgebaut, eine Rekonstruktion der Vergangenheit, die kritischen Kommentaren rief.

HILDESHEIM: DAS KNOCHENHAUERAMTSHAUS

HANNOVER: ERNST-AUGUST-PLATZ

Oben: Hannover 1899: Ernst-August-Platz vor dem Hauptbahnhof mit dem Reiterdenkmal des hannoverschen Königs Ernst August.

Rechts oben: Hameln im Jahre 1897. An der Osterstraße stehen Renaissance-Bauten, unter ihnen das Rattenfänger-Haus.

Rechts unten: Hafenszene an der Weser bei Hameln. Hier fuhren Dampfboote flußaufwärts nach Münden. Aufnahme von 1904.

Hameln: Osterstrasse

Hameln: Hafen und Eisenbahnbrücke

Hamburg, die ehemalige freie Hansestadt, war vor dem Ersten Weltkrieg mit über 1 Million Einwohner die zweitgrößte Stadt des Deutschen Reiches und an dritter Stelle unter den großen Handelsplätzen der Welt nach London und New York. Hier war man weltoffen. Der Hafen mit seinen weitläufigen Anlagen auf beiden Seiten der Elbe war Treffpunkt der internationalen Seefahrt und gleichzeitig ein Zentrum der Binnenschiffahrt. Die Aufnahme aus dem Jahre 1896 zeigt den »Holländischen Brook«, ein Beispiel für ein mit Handelshäusern und Speichern umgebenes »Fleet«. In frühern Jahren legten hier die Schiffe unmittelbar vor den Häusern der Kaufleute an, später verkehrten noch die schweren Schuten in den engen Wasserstraßen.

Hamburg: Holländischer Brook

Hamburg: Neuer Segelschiffhafen

Hamburg: Landungsbrücke und Hafen bei St. Pauli

HAMBURG: AM JUNGFERNSTEG UM 10 UHR MORGENS

Links oben: Der Hamburger Segelschiffhafen, hier in einer Aufnahme von 1896, liegt am linken Ufer der Elbe. Typisch für den Hamburger Hafen war das Festmachen der großen Drei- und Viermast-Segelschiffe sowie der Dampfer an Duckdalben (in den Hafengrund gerammte Pfahlgruppen) mitten im Strom. Die Ladung wurde mit schiffseigenem Ladegeschirr in Binnenschiffe oder Ewer gelöscht, die sie auf dem Wasserweg ins Binnenland oder zu den Speichern der Hamburger Kaufleute transportierten.

Links unten: Die weite Hamburger Hafenlandschaft bei St. Pauli.

Oben: Der Jungfernstieg an der Binnenalster war das Zentrum des vornehmen Hamburger Lebens. Hier standen auch Droschken und Kutschen für Stadtrundfahrten bereit.

▷
Die Ozeandampfer, Renommierstücke im Kaiserreich, trugen das Bild vom unaufhaltsamen technischen Fortschritt und von der damit verknüpften nationalen Glorie in alle Welt. Als der Schweizer Schriftsteller J. C. Heer in den neunziger Jahren eine Helgoland-Fahrt unternahm, erlebte er die Reise in gehobener deutschnationaler Stimmung. Zuerst brachte ihn der Elbe-Salondampfer »Blankenese« zum Ozeandampfer »Columbia«. Die Bordkapelle spielte »Heil dir im Siegerkranz«, dann ertönte die Kaiserhymne. »Andächtig wie vor den Schlössern am Rhein und vor dem heiligen Dom zu Köln wird einem beim Betreten eines solchen Schiffes«, meinte Heer.

Schnelldampfer »Kaiser Wilhelm der Grosse«. Speisesaal 1. Klasse

Reichspostdampfer »Grosser Kurfürst«. Offene Galerie.

SCHNELLDAMPFER DES NORDDEUTSCHEN LLOYD »KRONPRINZ WILHELM«

Links oben: Der Speisesaal 1. Klasse im Schnelldampfer »Kaiser Wilhelm der Große« des Norddeutschen Lloyd, aufgenommen im Jahre 1899. Auch in Sachen Gastronomie herrschte Disziplin: Als Einladung zu den Mahlzeiten ging ein Trompetenstoß über das Schiff. Oft spielte während des Essens ein Streichorchester, das von den Stewards des Schiffes gebildet wurde. Aufnahme von 1899. Der Schnelldampfer »Kaiser Wilhelm der Große« wurde 1897 von der Stettiner Vulcan-Werft als erster Vierschornsteindampfer gebaut und war mit 14 349 BRT zugleich das größte Schiff der Welt (Länge über alles: 197,70 m). Der Dampfer gewann 1898 als erstes deutsches Schiff das Blaue Band und war zur Zeit dieser Aufnahme das schnellste Schiff der Welt. Von der Inneneinrichtung ist ein Teil des Rauchsalons erhalten geblieben, ausgestellt im Deutschen Schifffahrtsmuseum in Bremerhaven.

Links unten: Hier haben sich die Photochrom-Photographen geirrt. Gezeigt wird kein Damensalon, wie auf dem Bild vermerkt (das wäre ein geschlossener Raum), sondern eine offene Galerie mit darunter liegendem großem Saal. Auch stammt die Aufnahme von 1901 nicht vom Postdampfer »Großer Kurfürst«, sondern vom Schwesterschiff »König Albert«, das 1899 vom Stettiner Vulcan gebaut wurde. Beide Schiffe waren abwechselnd im Atlantik wie auch im Ostasien- und Australiendienst eingesetzt.

Oben: Schnelldampfer »Kronprinz Wilhelm« des Norddeutschen Lloyd (14 908 BRT) auf hoher See im Jahre 1902. Auch hier haben sich die Photographen geirrt. »Kronprinz Wilhelm« war kein Reichspostdampfer. Er erhielt deshalb keine staatlichen Zuschüsse. Der Dampfer gewann im September 1902 als drittes deutsches Schiff das Blaue Band.

BREMERHAVEN: DER NEUHAFEN

Oben: Bremerhaven im Jahre 1896. Der 1827/30 gebaute Alte Hafen (im Hintergrund) war die Keimzelle der Stadt Bremerhaven. Er war für die dem Bremer Handel und Auswanderertransporten dienenden Segelschiffe eingerichtet und durch eine Schleuse von Ebbe und Flut unabhängig gemacht. Für die 1847 in Fahrt gesetzten Raddampfer zwischen Bremerhaven und den USA (Post und Passagiere) war die Schleuse des Alten Hafens zu schmal. Der Neue Hafen wurde mit einer 22 m breiten Schleuse gebaut und diente seit 1857 dem Norddeutschen Lloyd als Hafen für seine Passagierdampfer, wurde dafür aber schnell zu klein, so daß dort nur noch die kleinen Dampfer des Atlantikdienstes (z. B. nach Baltimore) anlegten. Im Bild ein Dampfer beim Kohlebunkern. Das weiße Schiff in der Bildmitte ist einer der Reichspostdampfer nach Ostasien.

Rechts: Standbild des Roland auf dem Marktplatz von Bremen im Jahre 1896. Der Baedeker von 1913 doziert: »Der berühmte 5,4 m hohe Roland, vor der SW-Seite des Rathauses, 1404 in Sandstein an der Stelle eines hölzernen aufgerichtet, ist das seit den letzten Jahrhunderten des Mittelalters in den Städten Norddeutschlands häufige Sinnbild der hohen Gerichtsbarkeit oder wie in Bremen der Stadtfreiheit.«

Bremen: Roland

MÜHLE AUF MUNKMARSCH-SYLT

Oben: Windmühle und Bauernhaus in Munkmarsch auf der nordfriesischen Insel Sylt, aufgenommen im Jahre 1900.

Rechts oben: Strandleben in Westerland auf Sylt. »Westerland hat kräftigen Wellenschlag und meist Seewind«, warnte Baedeker. Aufnahme von 1897.

Rechts unten: Norderney, die wichtigste der ostfriesischen Inseln, war vor dem Ersten Weltkrieg das am meisten besuchte deutsche Seebad. Hier rechnete man jährlich mit 45–50 000 Gästen. Die Strandszene wurde im Jahre 1897 photographiert.

Westerland-Sylt: Burgenbauten und Dünen

Norderney: Strandleben Wilhelmshöhe

Helgoland: Landungsbrücke

Im Helgoland-Sansibar-Vertrag von 1890 war die kleine Felseninsel in der Deutschen Bucht von England an das Deutsche Reich abgetreten worden. Nicht jedermann war mit dem Handel zufrieden. Die Alldeutschen vor allem meinten, man habe in Afrika zu viel aus der Hand gegeben. Als die Insel deutsch wurde, ging der bereits vorhandene Tourismus noch verstärkt weiter. Man wollte vom eigenartigen Felsdreieck, das man eben gewonnen hatte, realiter Besitz ergreifen. In handfester Weise hatte sich auch das Militär auf der Insel niedergelassen. Auf der Nordspitze wurde ein Küstenfort angelegt. »Es ist eine mit Erde verkleidete Bastion«, schrieb Heer, »aus der ringsum die Mündungen großer Kanonen schauen. Sie ist aber dem übrigen Inselbild so gut angepaßt, daß sie dasselbe nicht stört...«

Oben: Da größere Schiffe auf Helgoland nicht anlegen konnten, wurden die Touristen mit kleinen Booten zu einer Landungsbrücke gebracht, die man auch Lästerallee nannte. Hier betrat man das Unterland. Es waren zu sehen: Die Kaiserstraße, das Konversationshaus, Theater, Post, Warmbadehaus und bescheidene Holzhäuser mit Gasthöfen und Andenkenläden. Aufnahme von 1897.

Rechts: Der Aufstieg ins etwa 50 Meter höher gelegene Oberland konnte über eine Treppe mit 182 Stufen oder mit dem Fahrstuhl (Taxe 10 Pfennig) bewältigt werden. Ein Reiseschriftsteller meinte, die häßliche Fahrstuhleinrichtung, welche die beiden Ebenen unter sich verband, entstelle das Landschaftsbild viel mehr als die diskret angelegte Befestigung. Aufnahme von 1897.

Helgoland: Fahrstuhl

Lübeck: Dom und Museum

Lübeck: Marienkirche und Holstentor

KIEL: DER HAFEN

Links oben: Der Dom von Lübeck mit den beiden 120 m hohen Türmen im Jahre 1895. Auf der Südseite des Doms steht am Mühlenteich das 1892 in neugotischem Stil erbaute Museum. Der im Krieg schwer beschädigte Dom ist wieder aufgebaut worden.

Links unten: Lübeck 1899: Die Aufnahme über die Untere Trave hinweg zeigt die alte Häuserfront am Holsten-Hafen und die zweitürmige gotische Marienkirche. Rechts im Bild ist das Holstentor zu erkennen.

Oben: Promenierende Bevölkerung am Hafen von Kiel im Jahre 1895. Die Kriegsschiffe auf der Förde machen deutlich, daß Kiel eine wichtige Marinestation war. Die Aufnahme entstand während der Kieler Woche. Die Kriegsschiffe und die Segelyachten auf der Reede sind über die Toppen geflaggt. Baedeker meint, Kiel sei »einer der vorzüglichsten Häfen Europas, mit großartigen Hafenbefestigungen, Werften und Docks«.

Kiel: Kaiserliche Yacht »Hohenzollern«

Die kaiserliche Yacht »Hohenzollern« im Kieler Hafen im Jahre 1895. Die »Hohenzollern« wurde von Kaiser Wilhelm II. oft und gerne für ausgedehnte Fahrten benützt. Der in seine kostspielige Flotte vernarrte Monarch fand in diesem Schiff ein Spielzeug, das seinem Hang zu martialischen Allüren entsprach. Die 1892 gebaute, 122 m lange Dampfyacht brachte den Monarchen zum Beispiel ins Mittelmeer, nach England und nach Norwegen.

RUND UM DIE WELT IN PHOTOCHROM

BRUNO WEBER

Die geheimnisvolle Erfindung für den Druck farbiger Photographien, welche die Firma Orell Füssli & Co. in Zürich am 4. Januar 1888 zum Patent in Österreich-Ungarn anmeldete, war nach ihrer Definition ein »Verfahren zur directen photographischen Übertragung des Originals für litho- und chromographische Druckplatten vermittelst eines einzigen Negatives« (*Photographische Correspondenz*, 25.1888, S. 135). Genauere Angaben wurden von Orell Füssli nie veröffentlicht. Das neue Verfahren war die erste marktreife Reproduktionstechnik zur Anfertigung von »Natur-Farben-Photographien«, wie die Artefakte von der Herstellerin vieldeutig bezeichnet wurden. Es blieb an der Verkaufsfront des Souvenirhandels bis zum Ausbruch des Weltkriegs 1914 erfolgreich. Die ersten Druckproben, elf Wiedergaben von Aquarellen, erschienen als farbige Illustrationen »nach einem neuen Photo-Chromo-Druckverfahren« in den *Gedenkblättern zur Feier des einhundertjährigen Bestandes der Zürcherischen Künstlergesellschaft* bei Orell Füssli 1887. Der Berichterstatter über die erste Ausstellung der auffallenden, getönten Landschaftsansichten in der Kunsthandlung von Heinrich Appenzeller benannte diese »farbige Lichtbilder (zu deutsch: Chromophotographien)« (*Neue Zürcher Zeitung* Nr. 247 vom 4. September 1889). Daraus entstand im gleichen Jahr 1889 der fortan geltende Markenname: *Photochrom* – Farblichtbild, ein neues Kunstwort mit eigenem Glanz, rund und gepflegt wie die Sache selbst. Im Singular ein Neutrum, wurde die Bezeichnung von der Firma ausschließlich im Plural verwendet, vorwiegend in der eleganten Form *Photochroms,* womit der Artikel im Touristikgeschäft des British Empire werbewirksam plaziert werden konnte.

Orell Füsslis »Natur-Farben-Photographien« sind mehrfarbige Drucke von schwarzweißen Photographien im photomechanischen Flachdruckverfahren der Asphaltphotolithographie. Der wie auch immer geartete Farbdruck von Farbphotographien auf Papier wurde erst viele Jahrzehnte später kommerziell eingeführt und verbreitet, nachdem 1935 der Kodachromefilm, 1936 der Agfacolorfilm in den Handel gebracht worden waren. Der gelegentlich auch Orell Füssli-Druck genannte Photochromdruck ist also eine polychrome lithographische Halbton-Reproduktion, in der zeitgenössischen Terminologie eine »farbige Photolithographie nach dem Asphaltsystem« vom gekörnten Stein (*Photographische Correspondenz,* 25.1888, S. 405). Das Verfahren beruht auf der bereits vom Erfinder der Photographie, Joseph Nicéphore Niépce, 1814 entdeckten Lichtempfindlichkeit von Asphalt, welche sich dann 1852 mit Erfolg der berühmte Lithograph Rose-Joseph Lemercier, der Optiker Noël-Paymal Lerebours, der Chemiker Charles-Louis Barreswil und der Photograph Louis-Alphonse Davanne in Paris für die Herstellung von Halbton-Photolithographien zunutze machten. Ihre ersten Versuche mit neun Städteansichten erschienen 1853 unter dem Titel *Lithophotographie.* 1860 präsentierte Lemercier einen photolithographischen Nuancendoppeldruck von zwei Steinen, die von einem einzigen Negativ kopiert und verschieden lang belichtet worden waren. Um 1860 experimentierten die Lithographen Carl von Giessendorf und Bruno Reiffenstein in Wien mit Lemerciers Asphaltkopien vom gekörnten Stein, dessen Methode sie verfeinerten; Reiffenstein erzeugte damit 1866 auch den ersten photolithographischen Farbdruck. Nur einen Tag nach Orell Füsslis Patentanspruch, am 5. Januar 1888, wurde im Deutschen Reich ein ähnliches, ebenfalls nach der Asphaltmethode entwickeltes Buntdruckverfahren der Firma Wezel & Naumann in Reudnitz-Leipzig zum Patent angemeldet (beschrieben in *Photographische Mittheilungen,* 25.1888/89, S. 300–301). In keinem dieser Fälle erfolgte jedoch ein gewerblicher Durchbruch. Erst die sensationellen farbigen Resultate mit Landschaftsaufnahmen der Bündner Photographen Alexander Flury und Romedo Guler, die der Zürcher Firma an der Weltausstellung in Paris 1889 eine Goldene Medaille eintrugen, lenkten die Aufmerksamkeit auf jene älteren Wiener Versuche zurück, von denen die Photochrom-Produktion herzuleiten ist. Ihre Beschreibung durch Ludwig Schrank (in der Wiener *Photographischen Correspondenz,* 25.1889, S. 1–4) lüftete auch den Schleier über die Operationen des von Orell Füssli jahrzehntelang geheimgehaltenen Verfahrens.

Die Vorlage ist eine Photographie schwarzweiß oder, falls nötig, handkoloriert. Bildträger für die Vervielfältigung sind feinporige Lithosteine (kohlensaurer Kalkschiefer) in so vielen Exemplaren, wie für die Farbenskala benötigt werden. Der glattgeschliffene, staubfreie Stein wird für die Halbtonmanier gekörnt, mithin an der Oberfläche aufgerauht, und mit einer Kopierlösung übergossen. Diese ist ein dünnflüssiger Firnis von pulverisiertem und mit Schwefeläther gereinigtem Asphalt, bis 1913 vorwiegend syrischem Asphalt vom Toten Meer (der danach kaum mehr erhältlich war; Asphaltum syricum, Judenpech), gelöst in Chloroform oder Terpentinöl, Benzol, Lavendelöl in verschiedenen Verhältnissen. Nach dem Trocknen wird der Stein einige Stunden lang im Dunkeln gelagert. Danach wird ein seitenverkehrt abgezogenes Halbton-Negativ mit der Schichtseite nach unten auf die lichtempfindliche Asphaltschicht gelegt, unter der Kopierscheibe mit Schraubzwingen angepreßt und ringsum luftdicht befestigt. Die nachfolgende Belichtung ist ein photochemischer Oxydationsprozeß. Je nach Farbe wird stärker oder schwächer kopiert, anschließend länger oder kürzer entwickelt. Die Kopierdauer beträgt im natürlichen Tageslicht ohne direkte Einstrahlung 3–6 Stunden, an der Sonne oder unter Kohlenbogenlampen 15–30 Minuten. Der Asphalt wird an den belichteten Stellen gehärtet und dadurch für seine Lösungsmittel (Alkohol, Äther, Petroläther, Chloroform, Terpentinöl, Benzol) schwer- bis unlöslich. Nach der Belichtung wäscht man die Steine kurz mit Äther, um die Hauptmasse alles Unbelichteten herauszulösen, und lagert sie zum Trocknen ab.

Daraufhin entwickelt der Chromo-Lithograph oder Photochrom-Operateur die verschiedenen Farbsteine in der Dunkelkammer partiell mit säurefreiem rektifiziertem Terpentinöl, allenfalls mit Zusatz von Petroleumbenzin oder Anilinöl. Dabei werden die weicheren, wenig oder nicht belichteten Bildteile hinweggeschwemmt. Der Lithograph reduziert in dieser langwierigen Prozedur von Retuschen mit Baumwollwattebausch oder feinem Dachshaarpinsel, auch durch Kratzen und Schaben, die Asphaltkopie auf die Tonverhältnisse der betreffenden Farbe, für die der Stein dienen soll, indem er Tonwerte abschwächt oder verstärkt. Da die Asphaltschicht an den Kornspitzen der Steinoberfläche dünner, durch die Belichtung aber härter ist als in den Zwischenräumen, entsteht durch Wegentwicklung in der Kornstruktur aus den Halbtönen des Negativs die Gradation des positiven Asphaltbilds in feinsten Abstufungen des Tonwerts. Die Wirkungsfaktoren der Schichtstärke, Lichtintensität und Negativdichte sind bei solch durchwegs manueller Herstellung von Farbauszügen subtil gegeneinander abzuwägen; man erzielt nur durch längere Erfahrung befriedigende Resultate.

Nach der Entwicklung öffnet der Schleifer die säurefeste Schicht für die nachfolgende Ätzung, indem er den Stein mit feinstem Bimssteinpulver, Quarzsand oder Schmirgel gleichmäßig abschleift, dadurch die obersten Kornspitzen freilegt; im nachfolgenden Druck wirken diese blanken Stellen fettabstoßend. Die fertigbehandelten Steine werden anschließend wie normale Lithosteine präpariert, mit stark verdünnter Salpetersäure geätzt, mithin entfettet, gründlich gewässert und im Licht getrocknet, wodurch die Asphaltschicht noch widerstandsfähiger wird, danach mit Gummi arabicum als Feuchtigkeitsträger überzogen, einige Stunden lang trokkengelegt, dann befeuchtet, schließlich mit der aufgewalzten Farbe zum Druck hergerichtet. Anfänglich verwendete man mindestens 6 Farbsteine, bereits 1890 deren 11–13 (*Photographische Correspondenz*, 27.1890, S. 231), später gewöhnlich 10–18 in ebensovielen Durchgängen. Diese lieferten zunächst »höchstens um 150–200 tadellose Abdrücke« (ebenda, 25.1888, S. 498), doch bald schon »1500 vollkommen gelungene Abdrücke« (ebenda, S. 44), später bis zu 10 000 gleiche Exemplare, die aber mit variierender Einfärbung unterschiedlich ausfallen konnten. Die Auflagehöhe der Photochroms ist nicht bekannt; sie umfaßte schon in den frühen 1890er Jahren wohl einige Tausend Stück.

Orell Füssli verschwieg nicht nur den Herstellungsprozeß, was wegen der Konkurrenz verständlich war, sondern auch den Namen des Erfinders, der das Verfahren vielleicht nicht von vornherein für die Firma entwickelt hatte. Dieser Selfmademan war Hans Jakob Schmid (1856–1924), ein Zürcher Lithograph aus einfachen Verhältnissen, Sohn eines Zimmermanns. Mit elf Jahren Vollwaise, trat er 1868 in Zürich beim Steindrucker und Schablonenfabrikanten August Wilhelm Fehrenbach in die Lehre; abends besuchte er die Repetierschule beim Fraumünster. 1875/76 arbeitete er als Maschinenmeister in Genf, seit November 1876 war er bei Orell Füssli & Co. vorerst als Steindrucker, dann als Maschinenmeister angestellt. In seinem unter dem Titel *Vater Schmid* gedruckten Nekrolog heißt es, er sei dieser Firma »trotz vieler schwerer innerer Kämpfe bis zu seinem Tode treu geblieben. Seinem Streben und Arbeiten war hier mancher Erfolg beschieden; so gelang ihm nach hartnäckigem, langem

Probieren und Suchen das Photochromverfahren zu entdecken. Aber einfach und bescheiden wie er war, wußte er seine Erfindung nicht für sich selbst kaufmännisch auszunützen.« Schmid war 1874 Methodist geworden, wirkte als eifriger und strenger Lokalprediger in Bassersdorf, Kloten und Dübendorf, leitete später in Zürich den Jünglingsverein und den Gesangsverein, zudem die Sonntagsschule seiner Kirchgemeinde. 1882 heiratete er die Kleinkinderlehrerin Maria Dorothea Gysin von Oltingen, mit der er sechs Kinder hatte. Er beschloß 1886, mit seiner Familie nach Boston auszuwandern, doch vereitelte am 14. März der Untergang des Steamers *Oregon,* der sein Zusageschreiben an die Methodisten in Akron (Ohio) mitführte, diesen Plan. So blieb er in Zürich, um den Photochromdruck, den er damals vermutlich schon produktionsreif entwickelt hatte, in die Praxis zu führen. Später sandte ihn die Firma als Photochrom-Photographen auf Reisen in verschiedene Länder. Als er das 50. Altersjahr überschritten hatte, gab er seine leitende Stellung im Photochromgeschäft auf und übersiedelte 1911 mit der Familie nach Oberägeri, wo er an einer neugegründeten christlichen Anstalt, dem Mutterhaus der Diakonissen vom Ländli, weiterwirkte, auch eine Sonntagsschule gründete. Der Nekrolog stellt das hohe Ethos des Patriarchen heraus, die Gradlinigkeit seines Charakters und Beharrlichkeit im außerberuflichen Einsatz für die Kirche, rühmt seine trotz angeborener Schüchternheit unbeugsame Energie, die großen Kenntnisse des Naturfreunds, die Harmonie seiner Lebensführung. Eine Art Wahlspruch war sein Grundsatz: »der beste Arbeiter zu sein und zugleich der entschiedenste Christ«.

Schmids Erfindung ist in ihrer Besonderheit ungeklärt. Man weiß nicht, wodurch er die Asphaltmethode jener Wiener Lithographen verbesserte, vielleicht in der Zusammensetzung des Asphalts und der Lösungsmittel oder in speziellen Modalitäten der Prozedur. Sein Verfahren ermöglichte die beispiellose Auflagehöhe der Photochroms, was den Druck dieser farbigen Photographien erst wirtschaftlich und rentabel machte. Auf diesem beruht auch die heute für höchste Ansprüche angewendete rasterlose Halbtontechnik Granolitho, welche dichte Tonwertabstufungen bei größter Detailschärfe und maximaler Farbtreue in fast unbeschränkter Auflage hervorbringt. So wurden von der Lichtdruck AG in Dielsdorf, welche das Weltpatent für Granolitho besitzt, im Auflagedruck von vorbeschichteten Offsetplatten Gutenbergs 42zeilige Bibel, das Graduale von St. Katharinenthal und das Evangeliar Heinrichs des Löwen, das teuerste Buch aller Zeiten, acht- bis zwölffarbig rasterlos faksimiliert. Schmids Verfahren ist auch mit der Landtafel des Zürcher Gebiets von Hans Conrad Gyger, dem bedeutendsten kartographischen Monument des 17. Jahrhunderts, denkwürdig verknüpft. Dieses fünf Quadratmeter große Gemälde wurde ein erstes Mal 1944 vom Artistischen Institut Orell Füssli in zehnfarbigem Photochrom, ein zweites Mal nach der Restaurierung 1977 von der Lichtdruck AG in zehnfarbigem Granolitho mit zusätzlichem Golddruck faksimiliert. Für solche Hochleistungen der modernen Farbreproduktion erfand ein schlichter Zürcher Lithograph vor etwas über hundert Jahren das technische Knowhow bei sich zuhause, in seiner Wohnung in Hottingen spät abends pröbelnd und sinnend – Grund genug, daß sein Name der Vergessenheit entrissen wird.

Der Mann am anderen Hebel, der Schmids Wissen und Können kaufmännisch zu nutzen verstand, war der Chef der Firma: Heinrich Wild-Wirth (1840–1896), ein Unternehmer von Format. Sohn des Pfarrers in Hirzel und Enkel von Johannes Hagenbuch, dem Alleinbesitzer der Buchhandlung und Buchdruckerei Orell Füssli & Comp. seit 1858, trat er nach Buchhändler-Lehrjahren in Stuttgart und Genf, Paris, London und Leipzig 1863 als Prokurist bei Orell Füssli ein, zusammen mit seinem Bruder Paul Felix Wild (1842–1914), dem Buchdrucker; beide wurden 1873 Teilhaber der Firma. »Er arbeitete mit großer Leichtigkeit, und sein Scharfblick entdeckte stets rasch die bedeutungsvollen und entscheidenden Seiten jeder Situation, auf welchem Gebiete es auch sein mochte«, bezeugte der Autor seines Nachrufs (*Bulletin Photoglob* vom 1. September 1896). Bereits 1873 wurde der Druckauftrag für die *Neue Zürcher Zeitung,* den Orell Füssli seit 1780 innehatte, abgegeben, 1884 der Buchladen im Elsässer an der Marktgasse, 1886 das Schweizerische Antiquariat an der Kirchgasse abgestoßen, alles aus Gründen der Rentabilität. 1881 verlegte Wild die Druckerei von der Marktgasse an die Bärengasse in das 1874 erworbene Haus zum Roten Bären. In den neuen Räumlichkeiten wurden vor allem der Werttitel- und Banknotendruck sowie die Herstellung von Plakaten und Landkarten im großen betrieben. Als hier in der seit 1838 bestehenden Steindruckerei die Serienproduktion der Photochroms verheißungsvoll anlief, gründete Wild die Photochrom Zürich, eine Vertriebsgesellschaft, welche bald in allen großen Städten Agenturen, 1893 als wichtigste das London-Bureau, eröffnete. Die Mutterfirma wurde 1890 zur Aktiengesellschaft Artistisches Institut Orell Füssli neustrukturiert;

fortan präsidierte Wild als Prinzipal über mehrere Hundert Arbeiter und Angestellte den Verwaltungsrat. 1895 konnte die Lichtdruckerei Schröder & Co. angegliedert werden; sie konstituierte sich mit Photochrom Zürich zur neuen Tochtergesellschaft Photoglob Co., welche Wild ebenfalls präsidierte. Das Photochromgeschäft war zum globalen Unternehmen geworden: »Photochroms are bought in all countries throughout the world as mementos of excursions or journeys, and for presents of all kinds«, verkündete der 18. Katalog vom Dezember 1894. Die Kollektion umfaßte im Januar 1896 bereits über 3000 europäische Landschafts- und Städteansichten. Sie erweiterte sich um diese Zeit auf Nordafrika, die Türkei, Syrien und Palästina, Indien, Rußland und die Vereinigten Staaten von Amerika, später Mittel- und Südamerika, bis 1911 auf Persien und das ferne China, Neu-Süd-Wales in Australien und Neuseeland. Dabei galt das Firmensignet P. Z. für Photochrom und Photoglob Zürich, mit Blattnummer und Ortsbezeichnung jeweils in Gold aufgedruckt, als eine Art Gütesiegel, womit man wohlgeleitet rund um die Welt in Photochrom reisen konnte. Wild gründete als Propagandainstrument ein zweisprachiges Monatsmagazin *Bulletin Photoglob*, das »auch Reiseberichte unserer Operateure, Beschreibungen von Bädern, Neuigkeiten auf photographischem Gebiete etc.« enthielt; es erschien von Januar 1896 bis Dezember 1906. Die darin jeweils in Deutsch und Französisch neu angekündigten Photochroms können daher für diese Periode auf den Monat genau datiert werden.

Der Präsident starb im Alter von erst 56 Jahren »an den Folgen einer Verkalkung der Blutgefäße«, wie der angeführte Nachruf mitteilte. Planmäßig und umsichtig hatte er in seinem letzten Jahrzehnt das finanzstarke neue Standbein der Firma aufgebaut, indem er die Farbversuche seines obskuren Asphaltlithographen in die strahlende Weltneuheit Photochrom verwandelte, was aus dem Nachruf deutlich hervorgeht: »Als Ende der achtziger Jahre im Hause Orell Füssli die Erfindung der Photochromie so weit vervollkommnet war, daß in Aussicht genommen werden konnte, die farbigen Photographien dem größern Publikum zugänglich zu machen, hat der Verewigte die Tragweite einer richtigen Verwertung rasch erfaßt und nicht geruht, bis die heute bestehende Photoglob Co. durch ein Kapital von zwei Millionen Franken in den Stand gesetzt war, farbige Photographien aus allen, auch den fernsten Ländern herzustellen. Noch ehe alle bemerkenswerten Punkte der Schweiz in farbigen Bildern wiedergegeben waren, sandte er tüchtige Photochrom-Operateure an die Riviera und an den Rhein. Kaum waren diese Gebiete bearbeitet, so entsandte er seine Leute schon nach Palästina, Ägypten und Indien. Gleichzeitig wurden in Deutschland, Tirol, Frankreich und England Photochrom-Aufnahmen gemacht, dann folgten Italien, Belgien, Südamerika, Algier, Norwegen, und selbst auf den kanarischen Inseln arbeiteten die Photographen der Photoglob Co. Noch im letzten Jahre hat er dem Photochrom-Verlag denjenigen der Photogramme der Firma Schröder & Co. beigesellt, so daß zur Zeit wohl kaum in einem Geschäfte so viele Negative aus der ganzen Welt vereinigt sind.« (*Bulletin Photoglob* vom 1. September 1896, S. 66.) Es ist aber so in der Welt, daß der Zauberkünstler, der aus einem schwarzen Hut mit zwei Millionen allerlei farbige Kaninchen springen läßt, sein Geheimnis nicht preisgibt. Der Name Schmid und der im *Bulletin Photoglob* sorgsam vermiedene Begriff Asphalt gehörten zum Geheimnis.

Zu den Photochroms, einem »gediegenen und billigen Zimmer- und Salonschmuck«, wie die Reklame im 16. Katalog vom Juli 1893 empfahl, wurden vielfältige Accessoires angeboten. Die farbigen Blätter waren in sieben Größen erhältlich, die meisten im Format II von 16/22 cm, woraus die hier reproduzierten Ansichten stammen; am oberen Ende der Skala gab es »Riesen-Photochromien« als Wandbilder, so das Forum Romanum im panoramatischen »Extra-Format« von 42/90 cm. Man erwarb sie entweder unaufgezogen oder wahlweise auf sechs Bildträgern: weißem Aquarell-Karton oder schwarzem Photographiekarton mit Goldschnitt (auf Wunsch mit passenden Fest-Enveloppen), mattgestrichenem Oliv-Karton mit Goldfilet, zartgrauem Karton mit Tiefprägung für das Bild, unter grauem Passepartout fertig zum Einrahmen, in abwaschbarem Emailaufzug auf gewölbter Metallplatte und auf geschliffenem Glas mit Goldfacette rückseitig aufgezogen. Zudem gab es kleine Staffeleien aus geschnitztem Holz oder bemaltem vernickelten Eisen, »Stell-Kartons mit farbiger Blumenpressung und Alpenglühen-Reflex« sowie vornehme Universal-Goldsandrahmen ohne Glas für alle Formate I–VII. Für die Aufbewahrung unaufgezogener Blätter wurden, laut Übersicht im *Bulletin Photoglob* vom Januar bis März 1897, folgende Behälter geliefert: zum Einlegen zwischen mattgrün gefärbten Blättern solide Touristen-Albums mit Buntpapier-Überzug oder Agenturen-Albums (in reicherer Ausführung auch Scrap-Album genannt) im Leineneinband mit Goldaufdruck *Photochroms,* zum Einkleben auf weißem Glacé-Karton mit

Goldlinie diverse Souvenir-Albums in Buntpapier- oder Leinwanddecke, die besseren in Plüschdecke mit gepunzter Lederarbeit, »entweder zum Ausziehen eingerichtet à la Leporello oder in Buchform festgebunden«. Der zielbewußte Sammler konnte schließlich die *Photochrom-Bibliothek* erwerben, ein Büchergestell aus massivem Eichenholz für 34 Klappschachteln in Form eines Halbfranzbands mit Saffianlederüberzug, Titelschildern und »äußerst zarter Ornamentierung in Goldpressung« (*Bulletin Photoglob* vom 1. Januar 1899); diese faßten je 200 unaufgezogene Photochroms II, insgesamt 6800 Blätter, mithin die Hauptmasse der damaligen Kollektion in repräsentativer Aufstellung.

In den Jahren 1891–1914 erhielt die Stadtbibliothek Zürich von der Herstellerin die jeweilige Photochrom-Jahresproduktion als Geschenk, selbstverständlich unaufgezogen. Bei der Wiederauffindung dieses Bestands in einem Kellermagazin der Zentralbibliothek Zürich durch den Schreibenden im Sommer 1974 kamen rund 11 000 ungeordnete Blätter in verlagsneuem Zustand zum Vorschein. Accessoires vom Stell-Karton bis zum Eichenregal dürften als Erbstücke in privater Hand vielleicht unberührt und unentdeckt noch erhalten geblieben sein. Die Kenntnis der »Natur-Farben-Photographien« gründet auf bloß zwei neueren Veröffentlichungen. Im *Tages Anzeiger Magazin* Nr. 6 vom 8. Februar 1975 berichtete die Photographin Ursula Heller unter dem Titel *Die ersten Farbdrucke meines Urgroßvaters* erstmals über Photochroms – nicht die Belege der Zentralbibliothek, sondern jene ihres ungenannten Vorfahren Hans Jakob Schmid, dessen Sammlung sie »eines Tages im Gemüsekeller meines Großonkels« entdeckt hatte: »Die farbigen Bilder waren in wunderschön verzierten, buchförmigen Schachteln aufgehoben und mit goldenen Buchstaben beschriftet.« Schmids Lebenswerk wurde somit beidemal nicht vom Estrich herab, sondern vom Keller herauf entrümpelt. In der Vierteljahresschrift *Turicum* publizierte der Schreibende im September 1979 unter dem Titel *Mit Photochrom in fünf Kontinenten* einige prägnante Beispiele und die wesentlichen Tatsachen über Produktion und Marketing der Photochroms mit einem Porträt des Erfinders. Seitdem ist die Photochrom-Story im Bewußtsein der Nachwelt verankert. Als interessantester Aspekt dieses Phänomens erscheint die vielfach anzutreffende zeitgenössische Stimmung, die Stimme der Zeitgenossen: ein Unisono, nämlich die vom heutigen Betrachter schwer nachzuvollziehende Begeisterung über »Urkunden von vollkommener Treue, die, auf der Photographie aufgebaut, von kundigen Händen in den Farben der Wirklichkeit getaucht sind«. So lautete 1902 im populären Wochenblatt *Über Land und Meer* die ungewollt präzisierende Definition (zitiert im *Bulletin Photoglob* vom 1. Mai 1902, S. 30).

Denn das Urteil über das Kolorit dieser Farbdrucke kann heute, wenn photographische Richtigkeit als Kriterium gelten soll, nur vernichtend lauten: die Photochrom-Farben sind rundweg falsch. Man bemerkt bald, daß die Gewässer sich überall in demselben Türkisblau präsentieren, seien sie nun ein Silsersee, ein Zürichsee, der Rhein in Basel oder das Meer unter verschiedenen geographischen Breiten. Auch die Himmelbläue ist generell gleich, am Horizont immer heller, rötlich oder gelblich. Die Farben scheinen also nicht nach Farbnotizen des Photographen, vielmehr allein durch die Beurteilung des Negativs, im Negativbefund des Lithographen bestimmt worden zu sein. Dabei kam es mitunter zu so eklatanten Mißgriffen wie beim roten Rathaus von Basel im Photochrom 17821, hier ins Trübe bronziert, oder beim Haus zum Ritter in Schaffhausen mit der Fassadenmalerei von Tobias Stimmer im Photochrom 18485, deren Farbigkeit nachprüfbar ist und hier als Phantasiekolorit in theatralischer Buntheit auftrumpft. Auch in den vielgerühmten, seit 1898 in zunehmender Anzahl auf den Markt gebrachten Gemäldereproduktionen in Photochrom sind Mißdeutungen der Helligkeiten und Valeurs notorisch. Ihre Farbwerte sind gleichsam in Skordatur wiedergegeben; in der Gesamtwirkung tönt das Bild immer photochromisch. So sahen es aber die Zeitgenossen: sie goutierten die noch nie dagewesenen, einhellig malerisch mattschimmernden Ansichten, bestaunten ihre »große Anmuth und Lieblichkeit« und ließen sich »von einem künstlerischen Reiz, den wir an den Photographien bis jetzt vermißten und nur auf Gemälden trafen«, gern bezaubern (*Neue Zürcher Zeitung* vom 4. September 1889). Und sie erstanden mit Behagen, abonnierten gar »diese Kunstblätter, die den Aquarellen nicht nachstehen und gewöhnliche Ölgemälde übertreffen« (womit wohl Öldrucke gemeint waren, laut Reklame im 16. Katalog vom Juli 1893), weshalb sich denn »auch der minder Bemittelte eine ganze Sammlung ausgesuchter Stücke anschaffen kann, die ihm eine Galerie echter teuerer Stücke völlig ersetzt«, wie das *Bulletin Photoglob* vom 1. März 1903 zu bedenken gab. Man kaufte mit den Photochroms verschönte Realitäten, denn »sie vereinigen die Treue der Photographie mit der Farbenfreude des Aquarells [...] ja es ist bei ihnen das ›photographiemäßige‹ sogar überwunden und sie kommen einem Aquarell nahe«. Auf diesen Nenner brachte es das *Bulletin Photoglob* schon am 1. August 1896. Natur und Kunst in einem waren Photochroms, was der Name auch offenbart. Dieses Neue wirkte so faszinierend, »daß die Schaufenster der Cook'schen Excursions-Bureaux in Ludgate Circus, welche von oben bis unten mit prachtvollen Photochrom-Bildern geschmückt seien, von Gruppen von Beschauern beständig belagert werden, so daß sich die allgemeine Aufmerksamkeit des ganzen Quartiers und der Tausende von Passanten dem Artikel Photochrom zuwendet«. So rückte dessen »Beliebtheit«, die das *Bulletin Photoglob* vom 1. Mai 1896 aus dem Londoner *Morris Trade Journal* zu referieren wußte, in das Scheinwerferlicht internationaler Geltung.

Aber das farbige Ereignis hatte sein Gutes: in alle Richtungen schwärmten Photochrom-Operateure hinaus, um vielbesuchte, doch auch bislang photographisch vernachlässigte Landschaften in eigentümlicher zeittypischer Manier aufzunehmen. Charaktervolle Beispiele für ihre Kunst der Komposition, die mit rasanten diagonalen, auch lotrecht gesetzten Fluchtlinien ins Bild fährt, sind in dieser Auswahl die Photochroms 1861 *Berlin Unter den Linden* und 6816 *Hamburg Holländischer Brook.* Nach zehnjährigem Ausgreifen in immer weiter entfernte Regionen der zivilisierten Welt von damals konnte das *Bulletin Photoglob* vom 1. Januar 1901, zu Beginn des neuen Jahrhunderts, mit Berechtigung feststellen: »Unsere Kollektion von Photochrom-Landschaften beschlägt heute die Gebiete fast aller Kulturländer der Erde. In vielen Ländern ist die Kollektion schon so weit ausgebaut, daß nur noch wenige neue Aufnahmen möglich sind.« Europa war im wesentlichen abgedeckt; bis Spitzbergen war man gekommen, nur Island und Grönland standen aus. Indessen fehlten am Ende, vor dem Ausbruch des Weltkriegs, unter den großen Gebieten der Erde noch viele Länder Südamerikas, ganz Schwarzafrika mit Südafrika, Arabien, Sumatra und Java, die Philippinen, Korea und vor allem Japan. Irgendwann wären auch diese Lücken geschlossen worden; seit etwa 1908 führte die Photoglob Co. ihr Firmensignet P. Z. eingeschlossen im Weltglobus.

Die farbigen Photographien im Orell Füssli-Druck repräsentierten um die Jahrhundertwende vor dem Weltkrieg einen ins Gigantische drängenden, durch bedeutende Investitionen finanzierten Aufbruch zur vorerst touristischen Erschließung weiterer Räume für die Vermarktung durch das Bild. Im literarischen Feld war dies schon früh mit satirischen Akzenten in den Romanen *Reise um die Welt in 80 Tagen* von Jules Verne 1872 und *Tartarin in den Alpen* von Alphonse Daudet 1885 vorausformuliert worden. Photochroms widerspiegeln als schönglänzende Artefakte des hemmungslos optimistischen Maschinenzeitalters die selbstbewußte kolonisatorische Optik der höheren Stände einer quasi versunkenen Epoche – nicht zuletzt für die »minder Bemittelten«. Darin liegt ihre Bedeutung. Sie bildeten einen besonderen, in die ästhetischen Gefilde ausgestreckten Arm der illustrierten Massenpresse und stellten dadurch eine in ihrer Art perfekte letzte Konsequenz jener Entwicklung von Landschaftskunst zur Massenware dar, die in Europa mit Einführung der kolorierten Umrißradierung in den 1760er Jahren begonnen hatte. Es ist aber noch mehr als dieses Temporäre an ihnen rhetorisch und reizvoll. Auch unser Auge, ermüdet vom grellen Kodakblau, weidet sich am immermilden Sonorlaut der alten Aufnahmen. Ihre mit sozusagen zärtlichem Farbensinn chromatisch harmonisierte Wirklichkeit vergangener Zustände, die nie wiederkehren, erscheint uns mit einer Authentizität für sich. Diese goldbeschrifteten Inkunabeln der atmosphärischen Color photographs heutiger Dokumentarphotographen sind als Porträts von photogenen Kulissen früheren Gesellschaftslebens, malerisch zubereitet, wertvolle Zeugen jenes morbiden Fin de siècle vor hundert Jahren: einer anderen Welt, der Welt in Photochrom.

Bildnachweis

Photochrom-Blätter aus den Beständen der Graphischen Sammlung in der Zentralbibliothek Zürich. Signatur, Bezeichnung und Datum des Erscheinens im Photoglob Verlag

470 Heidelberg. April 1894
584 Niederwalddenkmal. August 1896
929 Berchtesgaden. Juli 1900
935 Berchtesgaden. Oktober 1900
1290 München. Karlsplatz. November 1891
1332 Köln. Juli 1893
1358 Drachenfels. Juli 1893
1674 Lindau. Hafeneinfahrt. April 1894
1676 Wartburg. April 1894
1718 Dessau. Schloß. April 1894
1813 Ulm. April 1895
1817 Kreuznach. Brückenhäuser. Mai 1895
1818 Ebernburg. Mai 1895
1821 Wiesbaden. Kochbrunnen. Mai 1895
1857 Berlin. Brandenburgertor. Mai 1895
1858 Berlin. Museum & Lustgarten. Mai 1895
1861 Berlin. Unter den Linden. Mai 1895
1873 Lübeck. Dom & Museum. Dezember 1895
1924 Blankenburg. Dezember 1895
1926 Erfurt. Dom u. Markt. Dezember 1895
1931 Breslau. Rathaus. Dezember 1895
1939 Kiel. Kaiserliche Yacht Hohenzollern. Dezember 1895
1947 Kiel. Hafen II. Dezember 1895
1948 Potsdam. Sanssouci. Dezember 1895
1950 Potsdam. Neues Palais. Dezember 1895
1952 Potsdam. Matrosenstation. Dezember 1895
1957 Berlin. Thronsaal im Schloß. Dezember 1895
1958 Berlin. Bildergalerie im Schloß. Dezember 1895
1972 Berlin. Lustgarten, Schloß. Dezember 1895
6086 Hamburg. Segelschiffhafen. Januar 1896
6159 Jena. Burgkeller. Februar 1896
6448 Eisenach. Karlsplatz. Juni 1896
6458 Magdeburg v. d. Citadelle. Juni 1896
6462 Weimar. Schloß. Juni 1896
6465 Goslar. Gewandhaus. Juni 1896
6486 Ilsenburg. Prinzeß Ilse. Juni 1896
6487 Lauterberg. Forsthaus. Juni 1896
6488 Bodethal. Hexentanzplatz. Juni 1896
6492 Alexisbad. Juni 1896
6495 Brockenhaus. Juni 1896
6517 Meiningen. Burg Landsberg. Juni 1896
6562 Wurmberg in Braunlage. Juni 1896
6565 Eisenach. Prinzenteich. Juni 1896
6648 Darmstadt. Marktplatz. Juli 1896
6675 Bremen. Roland. Oktober 1896
6784 Bremerhaven. Der neue Hafen. November 1896
6811 Schwerin. Schloß. Dezember 1896
6816 Hamburg. Holländischer Brook. Dezember 1896
6849 Leipzig. Siegesdenkmal. Dezember 1896
6852 Leipzig. Buchhändlerbörse. Dezember 1896
6869 Limburg a. d. Lahn. Schloß & Dom. Dezember 1896
6902 Köln. St. Aposteln Kirche. März 1897
6908 Nürnberg. Nassauerhaus. März 1897
8016 Koblenz & Ehrenbreitstein. Mai 1897
8147 Oberhof i. Thüringen. Mai 1897
8149 Veste Coburg. Mai 1897
8158 Leipzig. Neues Concerthaus. Mai 1897
8159 Halle a. d. Saale. Markt. Mai 1897
8180 Hameln. Osterstraße. Juni 1897
8208 Stettin. Lange Brücke. Juni 1897
8211 Königsberg. Schloßturm. Juni 1897
8218 Speyer. Das Altpörtel. Juni 1897
8221 Kyffhäuser. Kaiser Wilhelm Denkmal. Juni 1897
8263 Westerland-Sylt. Burgenbauten & Dünen. Juni 1897
8270 Karlsruhe. Kaiserstraße. Juni 1897
8273 Mannheim. Paradeplatz. Juni 1897
8280 Helgoland. Landungsbrücke. Juni 1897
8287 Norderney. Strandleben. Juni 1897
8316 Würzburg. Alte Mainbrücke. Juli 1897
8352 Worms. Juli 1897
8669 Bad Nauheim. Der große Sprudel. Oktober 1897
8698 Stuttgart. Marktplatz & Rathaus. Dezember 1897
8703 Wildbad i. Schwarzwald. Olgastraße. Dezember 1897
9405 Bauernhaus im Schwarzwald I. August 1898
9414 Hildesheim. Knochenhauer Amthaus. August 1898
9433 Bamberg. Untere Brücke m. Rathaus. August 1898
9625 Feste Marksburg mit Braubach. Februar 1899
9634 Bonn. Marktplatz. März 1899
9636 Koblenz. Kaiser Wilhelm I. Denkmal. April 1899
9638 Mäuseturm bei Bingen. Februar 1899
9639 Bingen & Bingerbrück. Februar 1899
9642 Wiesbaden. Kurpark. Dezember 1898
9643 Frankfurt a. M. Dom. Dezember 1898
9648 Frankfurt a. M. Kaiserstraße. Februar 1899
9652 Kissingen. Rakoczy. Januar 1899
9659 Dresden. Altmarkt. Februar 1899

9661 Dresden. Hauptbahnhof. Februar 1899
9663 Dresden. Carolabrücke. Februar 1899
9664 Sächs. Schweiz. Kuhstall. März 1899
9666 Loschwitz. Weißer Hirsch. März 1899
9673 Nürnberg. Fleischbrücke. November 1898
9691 Regensburg. Winzer-Höhen. November 1898
9855 Sächs. Schweiz. Prebischtor. März 1899
9873 Görlitz Neisse. Brücke u. Peterskirche. April 1899
9874 Görlitz. Viaduct. April 1899
9880 Insel Rügen. Sellin. Strand. April 1899
9881 Insel Rügen. Kleine Stubbenkammer. März 1899
9900 Rüdesheim mit Adlerturm. Februar 1899
16408 Hannover. Ernst August Platz. März 1899
16411 Hamburg. Landungsbrücke & Hafen bei St. Pauli. April 1899
16413 Hamburg. Am Jungfernstieg. April 1899
16424 München. II. April 1899
16425 München. Altes Rathaus. März 1899
16432 Die Lorelei. Februar 1899
16435 Caub & Die Pfalz im Rhein.
16538 Nordd. Lloyd Bremen. Kaiser Wilhelm. Speisesaal I. Juli 1899
16544 Berlin. Neue Wache. August 1899
16546 Berlin. Victoria Hotel u. d. Linden. August 1899
16547 Berlin. Am Potsdamer Platz. August 1899
16590 Höllental. Viaduct. September 1899
16683 Hildesheim. Das große Venedig. Oktober 1899
16807 Rothenburg o. T. Plönlein. Dezember 1899
16808 Rothenburg o. T. Kobolzellertor. November 1899
16813 Wetzlar mit Kalsmunt. November 1899
16816 Schloß Elz im Moseltal. November 1899
16819 Mühle auf Munkmarsch. Sylt. Januar 1900
16831 Lübeck. November 1899
16840 Chemnitz. Schloß Miramar. April 1900
16842 Kassel-Wilhelmshöhe. Die Löwenburg. April 1900
16851 Kassel. Fuldabrücke. April 1900
16908 Harz. Brockenbahn. Mai 1900
16917 Quedlinburg a. H. Schloßkirche. Mai 1900
17136 Ober-Bayern. Partnachklamm I. April 1900
17143 Ober-Bayern. Zugspitze. April 1900
17216 Nordd. Lloyd. Dampfer »Großer Kurfürst«. Damensalon. August 1901
17218 Nordd. Lloyd. Dampfer »Kronprinz Wilhelm«. Februar 1902
17233 Frankfurt a. M. Römerhaus. Oktober 1900
17240 Ober-Bayern. Garmisch. Dorfpartie. September 1900
17241 Garmisch. Dorfpartie mit Kreuz. Dezember 1900
17246 Ober-Bayern. Zugspitze mit Signal. September 1900
17501 Berlin. Dom und Friedrichsbrücke. Juni 1901
17520 Bonn a. Rhein. Rheinbrücke. April 1901
17644 Wernigerode. Rathaus. August 1901
17767 Spreewald. Dölzkefließ. Februar 1902
17777 Frankfurt a. Main von der unteren Mainbrücke aus. Juni 1902
17778 Frankfurt a. Main. Hauptbahnhof. Mai 1902
17921 Spreewald. Kirchgang in Burg. Oktober 1902
17922 Spreewald. Mühle in Burg. Oktober 1902
17933 Chiemsee. Die Herreninsel. Oktober 1903
18055 Harz. Josephshöhe. November 1903
18152 Harz. Halberstadt. November 1903
18155 Braunschweig. Weberstraße mit Andreaskirche. Oktober 1903
18160 Halberstadt. Rathaus. Oktober 1903
18174 Hameln. Hafen & Eisenbahnbrücke. März 1904
18639 Schloß Neuschwanstein. um 1907
18733 Die Wartburg von Süd-West. um 1908

Photochrom-Blätter aus dem Archiv der Photoglob AG in Zürich

1355 Mainz von der Rheinbrücke aus. Juli 1893
1589 Konstanz Hafen. April 1895
6650 Bayreuth Auffahrt zum Bühnenfestspielhaus. Dezember 1897
8335 Helgoland Fahrstuhl. Juli 1897
8389 Danzig. August 1897
8398 Straßburg. August 1897
9590 Köln: Kölnische Milchhändlerin. Oktober 1898
17663 Passau. Mai 1902
17943 Mosel. Mai 1903
18633 Freiburg i. Br. Kaiserstraße. um 1907.